EL ARTE DE CONVIVIR EN LA VIDA COTIDIANA

Gaby Vargas

El arte de convivir
en la vida cotidiana

AGUILAR

Copyright © 2005 Gabriela Vargas
D. R. © Santillana Ediciones Generales S.A. de C.V., 2005.
Av. Universidad 767, Col. del Valle
México, 03100, D. F. Teléfono (55) 54207530
www.editorialaguilar.com.mx

Distribuidora y Editora Aguilar, Altea, Taurus, Alfaguara, S. A.
Calle 80 Núm. 10-23, Santafé de Bogotá, Colombia.
Santillana Ediciones Generales S.L.
Torrelaguna 60-28043, Madrid, España.
Santillana S. A.
Av. San Felipe 731, Lima, Perú.
Editorial Santillana S. A.
Av. Rómulo Gallegos, Edif. Zulia 1er. piso
Boleita Nte., 1071, Caracas, Venezuela.
Editorial Santillana Inc.
P.O. Box 19-5462 Hato rey, 00919, San Juan, Puerto Rico
Santillana Publishing Company Inc.
2043 N. W. 87th Avenue, 33172. Miami, Fl., E. U. A.
Ediciones Santillana S.A. (ROU)
Constitución 1889, 11800, Montevideo, Uruguay.
Aguilar, Altea, Taurus, Alfaguara, S. A.
Beazley 3860, 1437, Buenos Aires, Argentina.
Aguilar Chilena de Ediciones Ltda.
Dr. Aníbal Ariztía 1444, Providencia, Santiago de Chile.
Santillana de Costa Rica, S. A.
La Uruca, 100 mts. Oeste de Migración y Extranjería, San José, Costa Rica.

Primera edición en Aguilar: noviembre de 2005

ISBN: 970-770-259-1

Diseño de portada: Antonio Ruano Gómez
Diseño de interiores: Ma. Alejandra Romero I.
Fotografía de la autora: Raúl González
Ilustraciones: Adriana Quiroz de Arbide
Impreso en México.

Índice

A Pablo, mi apoyo y mi refugio.

Agradecimientos

Quiero agradecer a Concha de Haro y Francesca Spattaro, por su gran ayuda en la investigación del material.

A Pablo, mi esposo, por su incondicional apoyo.

A Adriana Arbide por su creatividad para las ilustraciones.

A Paola Quintana, Guadalupe Gavaldón, Carla Cue y Andrea Berrondo, por su asesoría y atinada crítica.

A mis editores, Armando Collazos, Vicente Herrasti y Karina Simpson, por su gran apoyo. Y a Alejandra Romero por su dedicación.

Introducción

❧

"Cortesía entrega cortesía", dice el proverbio japonés. Cuando somos atentos con una persona, aun con el extraño en el teléfono, esa persona se comporta también atenta con nosotros. De pronto, dos seres humanos se sienten bien con ellos mismos y contagian esa sensación de bienestar a los demás.

Es imposible ser felices estando solos. Vivir en sociedad es una necesidad de todos los seres humanos. El apoyo y el cariño de los demás son esenciales en nuestra vida. Nos relacionamos con nuestra pareja, los amigos, la familia, el jefe, el cartero, la secretaria, el extraño con el que nos topamos, etcétera. Saber vivir en compañía de otros no es un lujo de pocos, es necesidad de todos; hacerlo con cortesía, respeto, tolerancia y flexibilidad convierte la convivencia en todo un arte.

Convivir significa compartir. Es el punto de encuentro de lo que cada uno lleva en el interior. Cuando por azares del destino nos toca ser parte de una vida ajena y cuando otros participan de la nuestra, la convivencia se convierte en una prueba en la que demostramos muchas cosas: nuestra manera de ser, educación, carácter, inteligencia y sensibilidad. Sobre todo, muestra el respeto que sentimos hacia los demás.

Si todos buscamos vivir en un mundo mejor, un buen punto de inicio es trabajar en nosotros mismos, en nuestra casa. Es en el hogar donde los niños aprenden, con el ejemplo, cómo tratar a otros, y será lo que ellos pondrán en práctica en el futuro. El doctor Enrique Rojas dice atinadamente: "La convivencia es la escuela donde se ensayan, forman y cultivan las principales virtudes humanas: la naturalidad, la sencillez, el espíritu de servicio, la generosidad, la paciencia, la fortaleza, la sinceridad... y un sinfín de elementos que configuran un trato delicado que le da armonía a la convivencia."

La informalidad de los tiempos que vivimos, de momento nos puede parecer muy cómoda; sin embargo, se nos olvida que los actos de amabilidad y cortesía son precisamente los que hacen que la convivencia se aligere y se vuelva armónica.

Las buenas relaciones no se dan por sí solas; son resultado del esmero y cuidado entre las personas que siguen una serie de reglas básicas de cortesía y educación. El arte de convivir no significa cumplir las normas estrictas del protocolo sin equivocarnos; es aplicarlas de manera que surjan del carácter y del corazón.

Tratar al otro como nos gustaría ser tratados, tener buenos modales, ser amables, saber conversar, escuchar, no sólo son actividades que se desarrollan para brillar en sociedad o se guardan para determinadas ocasiones. Saber convivir es fundamental para alcanzar una vida agradable y debe ser parte de nuestra cotidianidad.

Conocer y recordar ciertos lineamientos y seguir algunas reglas nos hace ser mejores y nos ayuda a desenvolvernos con mayor seguridad. Con actos sencillos podemos pulir, limar y rectificar aquellos aspectos que quizá dificulten o impidan nuestra relación con los demás. Los detalles cotidianos reflejan la altura, amplitud y profundidad que como individuos tenemos.

Las recomendaciones que ofrezco en este libro, de ninguna manera pretenden ser absolutas, rígidas o inflexibles. Son simplemente consejos que he aprendido sobre la marcha, al sentir en ocasiones angustia o incomodidad por no saber qué hacer en determinados momentos de la vida.

Mi intención es que no experimentes esa incomodidad de ¿cómo debo comportarme? ¿Qué es correcto hacer? ¿Cómo debo vestir? Son preguntas que todos nos hemos hecho y que en los colegios y universidades pasan por alto; sin embargo, el saber las respuestas adecuadas nos da seguridad y nos permite crecer como personas. Detalles y conductas casi imperceptibles, que harán que seamos bien recibidos por los demás.

El tema es sumamente amplio y fue necesario que lo desarrollara en tres libros distintos, que servirán como manual de consulta para saber cómo actuar en diferentes situaciones sociales. Confío en que este trabajo te dé el servicio que a nuestros padres y abuelos prestó el *Manual de Carreño*.

Este primer libro abarca todos los aspectos de recibir en casa, a quién invitar, cómo disponer de los espacios, cómo poner la mesa según la ocasión, y así seguimos hasta llegar a las grandes fiestas de la vida como bautizos, primeras comuniones y bodas.

Segura estoy que como yo, te interesa vivir en un mundo mejor, y considero que el cambio necesario empieza precisamente por uno mismo. De ahí la importancia de que todos pongamos nuestro granito de arena y le demos nuestro toque humano a este planeta, para hacer del convivir todo un arte.

El arte de recibir y de ser recibido

❦

No hay una sola muestra de cortesía que no tenga una profunda base moral.

GOETHE

INVITAR

*R*ecibir en casa es una actividad importante en nuestra vida. Es una excelente razón para convivir, reír y compartir. Reunirnos nos hace crecer, nos distrae, nos relaja, nos acerca y mejora; estar cerca de los amigos o de la familia nos hace más humanos. Sin embargo, la vida tan acelerada que llevamos, las presiones, el elevado costo de los satisfactores materiales, los horarios de trabajo, las distancias y el tráfico, se han convertido en razones para que las reuniones en casa no sean frecuentes.

Recuperemos esa costumbre. Cualquier pretexto es bueno para invitar a cenar, desayunar o a un coctel.

Parte importante de toda reunión es la comida. La satisfacción de preparar una buena comida o una sabrosa cena es indescriptible. Esto no implica grandes lujos; es, simplemente, pensar en los otros, atenderlos, ocuparse de que estén contentos. Significa una pequeña entrega, una acción positiva que se transforma en bienestar personal.

Ya sea que nos corresponda ser los invitados o los anfitriones, somos responsables del éxito de una reunión. En ambos casos, quedar bien es sólo cuestión de seguir ciertas reglas.

Cuando éramos niños, siempre nos decían: "¡Ponte derecho!", "No hables con la boca llena", "Mira a los ojos cuando hables", "Baja los codos de la mesa". Ahora, como adultos, comprendemos que todo lo que aprendimos tiene sentido.

¿POR QUÉ INVITAMOS?

Las respuestas son innumerables. Unas veces es para halagar, otras para lograr un objetivo, para corresponder a una invitación, para agradecer, ojalá las más sean para compartir excelentes momentos con los que más queremos.

Nos reunimos con gente de nuestro trabajo, los papás de los compañeros de la escuela de nuestros hijos o nuestros vecinos, para presentarnos o conocernos mejor. Algún día invitaremos al jefe o cliente más importante para agradecerle o buscar una oportunidad; otro día, quizá, al médico que nos operó para así darle nuestro reconocimiento.

Cuando decidimos invitar, es probable que nos preocupe no tener todo lo necesario, no ser los mejores cocineros, el rayón en la pintura de la pared, la falta de ayuda y el trabajo tan grande que implica. Sin embargo, si queremos que nuestra cena, comida o coctel sea un éxito, podemos organizarnos con algunos pasos prácticos.

El éxito de una fiesta no tiene nada que ver ni con la decoración de la casa, ni con la cuchillería, ni la cantidad de dinero que se gasta en el menú. Lo importante es crear una atmósfera armónica y acogedora. Es hacer sentir cómodos a los demás.

Hay soluciones para todo. Desde comprar la comida, si no sabemos cocinar, y arreglarla con un toque personal, hasta pedir prestada una vajilla. Desde considerar si contratamos un mesero o servimos nosotros mismos. Lo importante es que la fiesta sea un reflejo de lo que somos.

Hay personas que cuando invitan, de alguna manera nos hacen sentir en libertad de poder traer y llevar cosas, preparar los platos y servirnos las bebidas. Hay algo en la atmósfera que nos hace sentir muy bien. Hay otras personas más formales que todo lo tienen perfectamente planeado y organizado.

Cualquiera que sea nuestro estilo, lo importante es ser auténticos. Un anfitrión contento y relajado que sirve una comida sencilla y rica nos hace sentir mejor que un *gourmet* que incluye en el menú un plato fuerte de ansiedad.

No es ningún secreto que invitar implica trabajo. Mientras más seguido lo hacemos, mayor práctica adquirimos. Otra ventaja es que uno se vuelve inmune a los problemas que surgen de momento, porque terminamos dándonos cuenta que no importa lo que suceda, la fiesta sigue.

EL BUEN ANFITRIÓN

Gran parte del éxito de cualquier reunión depende de la personalidad, actitud y carisma del anfitrión. Hay personas que tienen don de gente y poder de convocatoria. Cuando decimos "en casa de los Fernández siempre la pasamos muy bien", el éxito de esa familia se logró no sólo por experiencia y cualidad natural. Como cualquier cosa bien hecha en esta vida, se requiere de trabajo, consistencia y ganas.

Las cualidades que se necesitan son: ser una persona organizada, detallista, generosa y amigable.

Todos podemos aprender mucho si somos observadores. Cuando vayas a una cena, comida o reunión analiza qué te gusta y qué no. A lo mejor en tu próxima cena puedes adornar la mesa como lo hicieron en tal lugar... o llamar a la persona que tu amiga contrató para los arreglos florales o para hacer el menú. Datos, datos, datos... es importante que estemos abiertos a ellos para guardarlos y tenerlos siempre a la mano.

Hay quienes son tan organizados, que en su agenda apuntan todo lo que han visto y vivido que les ha gustado. Guardan recortes de periódicos con consejos, recetas, ideas simpáticas para una reunión y, claro está, los datos de sus propias fiestas: a qué mesero contrató, qué menús hizo, qué salió bien y mal, los gustos de sus amigos.

Esto simplifica enormemente cualquier organización.

¿CUÁNTOS AMIGOS INVITAMOS?

La experiencia me ha enseñado que de ocho a diez funciona muy bien. La conversación es más rica y sustanciosa. Cuando son más personas, la plática se dispersa; además, la coordinación y la preparación se complican.

El éxito de una cena se basa en hacer una "buena mezcla". Invitar a gente que tenga algo en común. Si sólo invitamos para cumplir con varios compromisos a la vez, sin considerar la manera de ser de las personas, es probable que la reunión no resulte como queríamos.

No pensemos en invitar a dos personas que vuelvan la cena un debate. ¡Es muy incómodo! Lo mismo pasa con dos a quienes les gusta ser el centro de atención y uno sufre porque se arrebatan uno al otro el reflector. Es difícil mantener el equilibrio.

Si tenemos una amiga soltera, es una buena idea invitarle a alguien o pedirle que venga acompañada. Si invitamos, por ejemplo, a nuestros amigos de primaria o al grupo de dominó o a los vecinos, no invitemos a una pareja que no tiene nada que ver con ellos. A Pablo, mi esposo, y a mí, ya nos sucedió una vez y es muy incómodo para todos.

Si resultas ser esa pareja que no viene al caso, te sugiero que no seas tímido y te involucres en la plática. Uno se siente peor cuando está en la esquina como niño castigado, fuera de la conversación.

Si hay una pareja de solteros que en esa reunión se están conociendo, es importante que tanto los invitados como los anfitriones sean prudentes y no los hagan sentir observados.

LA INVITACIÓN

El cómo invitamos hace que a la gente le den ganas de venir a nuestra casa. Dependiendo del tipo de evento, si es una cena pequeña, una reunión con los clientes o una gran fiesta, la invitación cambia. Lo importante es ser entusiastas y cálidos al hacerlo.

Si somos los invitados, nunca hay que suponer que podemos llevar a otra persona sin avisar. Es mejor preguntar. Si la invitación es para ti y ya tienes pareja, o un huésped en casa, menciónale a tu amigo el nuevo compromiso y ofrece la opción de verse otro día. Lo correcto es que tu amigo extienda la invitación a tu pareja o conocido.

Cuando nos invitan como pareja y alguno de los dos está de viaje, a veces es incómodo ir solo. Si así lo sentimos, es mejor agradecer y disculparnos. Si quien nos invita considera que aun así venimos al caso, porque no sólo habrá parejas o porque conocemos muy bien a los demás, insistirá en que vayamos.

Como anfitrión no debemos invitar a una persona sola sin decirle que lleve a quien quiera, salvo si es parte de nuestro grupo de amigos íntimos y la cena es únicamente con ellos. Cuando invitamos a nuestros amigos de confianza y se ofrecen a llevar algo, como el vino o el postre, la verdad es que se les agradece, ya que no sólo aligera el gasto sino el trabajo también.

Si decidimos organizar algo en el campo o en algún lugar difícil de llegar, es importante hacer un buen croquis con referencias, para que nadie se pase tres horas perdido y llegue de mal humor a la fiesta.

No es una obligación decir quiénes son los otros invitados, sin embargo, es de buen gusto mencionarlo, especialmente si la persona a la que estamos invitando conoce a los demás. Si no es el caso, te sugiero hablar de ellos a los otros invitados de manera que les parezca interesante asistir, ya sea porque tienen un pasatiempo similar, practican el mismo deporte, tienen hijos de la misma edad o la pasión por la lectura, pintura, teatro, etcétera.

¿Está bien invitar por teléfono?

No importa qué tan informal o elegante vaya a ser lo que organicemos, siempre debemos invitar personalmente por teléfono, trátese de quien se trate. Es horrible que nos invite la secretaria: "De parte del señor fulano de tal o la señora X, que los invitan a…" Es lo más frío y descortés que podemos hacer. Si en realidad queremos halagar, agradecer o cumplir con alguien, la primera forma de mostrarlo es con una invitación cálida y personal.

La anticipación con que invitamos demuestra la importancia que le damos a las personas. Ésta debe ser, por lo menos, de una semana. Ya me ha tocado que nos hablan el viernes para invitarnos a una cena el sábado. Lo único que me hace pensar es que otra pareja les canceló y que somos "plato de segunda mesa".

Al invitar nunca preguntemos: "¿Qué tienes que hacer el jueves?", antes de decir el propósito de nuestra llamada. Es muy comprometedor. La forma como decimos las cosas es muy importante. ¿Te imaginas que te inviten así?

a) Pablo y yo, o Gaby y yo queremos invitarlos, a ti y a (…), a cenar a nuestra casa porque nos caen muy bien y queremos tratarlos más.

b) Fíjate que va a ser mi cumpleaños y quiero festejarlo con mis amigos que más quiero.

c) Queremos agradecerles a ti y a (…) lo lindos que han sido con nosotros y para eso estamos organizando una cena en su honor.

¡A cualquiera nos encantaría que nos hicieran sentir así de bien! Si el evento es una boda o un aniversario para el cual se envió con anticipación una invitación escrita y queremos que todos o la mayoría asistan, te sugiero que tú y tu pareja (en caso de tenerla) sean quienes confirmen a los invitados. El porcentaje de "ausentes" disminuye mucho, ya que es un acto que los hace sentir importantes.

¿Cuándo invitar por escrito?

La invitación escrita se utiliza para invitar a:

• Boda.
• Aniversario.
• Graduación.
• Fiesta de generación.
• Fiesta de niños.

- Primera comunión.
- Bar-Mitzvá.
- Bautizo.
- Fiesta de cumpleaños.

En la formalidad del lenguaje que usemos, en el papel, en los colores y en la creatividad en general, damos un anticipo de la fiesta. Muchas veces con sólo ver la invitación nos dan ganas de ir por lo original y divertida, o por lo elegante que será.

Si vas a rotular en manuscrito los sobres, asegúrate que el nombre de la persona esté correctamente escrito, no hay nada peor que el nombre llegue mal o con faltas de ortografía.

Las invitaciones por escrito deben contener lo siguiente:

- El nombre de los anfitriones.
- El texto de la invitación.
- El tipo de fiesta.
- El propósito de la fiesta.
- La fecha.
- La hora.
- El lugar.
- Algunas instrucciones especiales como: habrá *valet parking*.
- La leyenda RSVP si así lo requiere.

Nota: RSVP son las siglas en francés de *"répondez s'il vous plaît"*, que quiere decir "favor de confirmar". ¡Cómo se agradece cuando somos nosotros los organizadores y nos hablan, ya sea para confirmar o para avisar con tiempo que no van a asistir!

La redacción de la invitación es lo que le da el tono formal o informal. Por ejemplo, en las invitaciones más formales la fecha se escribe con letras. En las informales pueden usarse números y letras. Lo mismo sucede con la hora.

Una vez que me invitaron a una fiesta con mis compañeras del colegio, la invitación tenía fotos muy divertidas de todas las amigas. Nada más por la invitación tuve nostalgia y ganas de volverlas a ver.

En lo personal no me gusta que llegue una invitación por fax, pero debo de aceptar que es muy práctico, aunque no me hace sentir importante ni me da idea de que esté muy bien organizada ni con la suficiente anticipación.

En algunas papelerías muy completas existen una especie de "machotes" de invitaciones, como las de fiestas infantiles, en las que basta con llenar los datos personales. Esto indiscutiblemente es más práctico, pero menos personal y formal.

Es mucho mejor y más personal enviar una invitación ensobretada al domicilio. Te sugiero que no la envíes a la oficina del esposo. Muchas veces las esposas ni nos enteramos de que estamos invitadas porque al esposo se le olvida avisar o traspapela el sobre.

Ejemplo de invitación formal:

Pablo y Gabriela González C.

Tienen el honor de invitar a

....

A la cena, que con motivo de su 25 aniversario de boda,
ofrecerán el día 21 de abril a las 21:00 horas en el salón Alcatraces, del hotel Presidente Chapultepec.

Caballeros: Traje oscuro　　　　　　　*R.S.V.P*
Damas: Coctel　　　　　　　　　　　　*Tel.*

¿Cómo rotular?

Si la invitación es formal, lo correcto es anteponer la palabra "don" (costumbre de origen español que surge para halagar a un invitado que carece de título nobiliario como conde, duque, etcétera, y que resume: De Origen Noble). En cuestiones sociales no se usa el título profesional, sólo en asuntos oficiales o relacionados con el trabajo.

Señor don Ramiro González Delsordo y Señora

Si se trata de un joven, también se le puede anteponer la palabra "don". Este detalle lo hará sentir especial, ya que si sólo se escribe la palabra "señor" será lo mismo que en cualquier tipo de correo que recibe. Es preferible que las palabras "señor", "señora" y "señorita" se escriban completas, aunque se pueden abreviar; también se puede omitir el "don".

Si se trata de una señorita joven, se puede poner simplemente "Señorita Alejandra Quiroz". Si es una señorita mayor, es correcto anteponerle la palabra doña, por ejemplo: "Señorita doña Andrea Berrondo."

Se debe completar con la palabra "Presente" del lado derecho inferior del sobre. Esto quiere decir que se trata de una correspondencia que no es personal ni privada. Los sobres no deben sellarse. Si se van a mandar por correo, la invitación se mete dentro de otro sobre de correo.

En caso de que sea a la esposa a quien se conoce por su nombre, no se pone "Señora Paty Castro y Señor" ¡Te imaginas! Es mejor averiguar el nombre del esposo y agregar "y Señora".

¿Con cuánta anticipación?

Una invitación formal a cenar o comer es apreciada si la hacemos con dos semanas de anticipación. Si es por escrito, hay que tomar en cuenta el tiempo que tarda el envío. Si se trata de una boda, debe entregarse con un mes de anticipación.

Las invitaciones informales a nuestros amigos las podemos hacer en el último minuto. La improvisación es muy divertida también. No hay necesidad de tanta ceremonia. Podemos reunirnos a comer una pasta o tacos... uno puede traer vino, otro el postre. El menú no es tan importante como reunirse, platicar a gusto y estar cerca.

Algunos se organizan hasta el último momento, por lo que no nos invitan con tanta anticipación. Hay que entenderlo y asistir. No vale la pena perdernos una reunión por falta de honores.

Respuesta

Cuando recibimos una invitación es importante responder lo antes posible, ya sea para confirmar o para disculparnos. No esperemos hasta el último momento para hacerlo.

Mucha gente dice siempre que "sí" a todas las invitaciones que recibe y se esperan hasta el último momento para ver si tienen ganas de ir o no. Esto es de muy mal gusto. En la vida hay que tomar con seriedad un compromiso, aunque después no sea lo que más nos guste hacer. Recuerda que esa persona se está tomando tiempo, dinero y esfuerzo en preparar algo especial. Con nuestra sola presencia confirmamos el cariño y el apoyo que le tenemos.

Esto lo entendemos mejor cuando nos toca organizar el evento. Recuerdo que en las bodas de nuestras hijas, Pablo y yo agradecimos mucho a las personas que con tiempo se disculparon. Incluso

hubo quienes tuvieron la delicadeza de enviar el regalo de inmediato con los boletos de la boda anexados a una tarjeta de disculpas.
Estos pequeños detalles dicen mucho de la sensibilidad y educación de las personas.

Puntos clave

- Hay que recordar el tiempo, el dinero y el esfuerzo que se invier-
te en organizar un evento.
- Hagamos lo imposible por asistir.
- Aunque a veces nos dé flojera, la gente siempre agradecerá
nuestra presencia y asistirá cuando seamos nosotros los organizadores.

Cuando la invitación sea para una cena, lo peor que podemos
hacer es cancelar en el último momento.

Si no podemos responder inmediatamente, hay que hacerle saber a la persona que estaríamos fascinados de asistir, pero que nos
gustaría preguntarle a nuestra pareja si él o ella puede ir. Es importante que sienta que estamos entusiasmados con la invitación.

Cuando nos invitan por escrito, podemos contestar de la misma manera. Ya sea escrita a mano o en computadora. Lo ideal es
enviarla en papel personal con un mensajero, a menos que le dé
tiempo de hacerlo por correo. A una invitación formal se contesta de las siguientes formas:

Los señores Perdomo,

agradecen su amable invitación a la cena del día 27 de abril y se
complacen en confirmar su asistencia.

> *Los señores Gavaldón,*
>
> *agradecen su amable invitación a la cena del día 27 de abril, pero lamentan profundamente no poder asistir, por hallarse ausentes en esa fecha.*

Para otras menos formales se puede contestar:

> *Fernando y Ana:*
>
> *Sentimos mucho no poder ir a la cena del sábado 5 de abril, ya que estaremos fuera de la ciudad ese día.*
> *Agradecemos mucho la invitación.*
>
> *Saludos,*
> *Pablo y Gaby*

A veces cancelamos nuestra asistencia debido a un viaje de negocios. Sin embargo, si el viaje se pospone a última hora, podemos llamar a quien nos invitó para ver si todavía es posible asistir. Se sentirá muy halagado por nuestro interés.

EN RESUMEN

- Reunirnos nos hace crecer. La práctica hace al maestro.
- Para invitar no se necesitan grandes lujos. Simplemente pensar en el otro, atenderlo.
- Para romper las reglas de etiqueta, primero hay que conocerlas.

- El éxito de una cena, comida o reunión depende de que el anfitrión imprima su estilo y cuide los detalles.
- Un anfitrión sencillo y relajado hace más por una fiesta que el sofisticado y ansioso.
- Es muy útil apuntar en nuestra agenda los datos de quienes pueden ayudarnos en nuestros eventos.
- ¿Cuántas personas invito? De ocho a diez funciona muy bien.
- Invitar a personas con algo en común.
- Invitar personalmente por teléfono.
- Si la invitación es por escrito, confirmar.
- Cuando nos inviten solos, no llevemos a otras personas.
- Hay que responder en el momento en que recibimos la invitación o lo antes posible.
- Como anfitrión o invitado, seamos puntuales.

La comida, el centro de reunión

El placer de los banquetes no debe medirse por lo sofisticado de los manjares, sino por la compañía de los amigos y la convivencia.

CICERÓN

*C*asi cualquier evento importante en nuestra vida lo celebramos ofreciendo una buena comida. El solo hecho de compartir la mesa es una forma de expresar nuestra amistad, interés o cariño.

LA ORGANIZACIÓN DEL EVENTO

Preparar y servir alimentos puede ser tan fácil o difícil como lo decidamos. Es importante que definamos con anticipación el esfuerzo económico y el tiempo que estaremos dispuestos a invertir. Cabe decir que nos podemos lucir sin gastar demasiado.

Pensemos siempre que el evento va a ser un éxito. Es importante relajarnos y disfrutar desde el principio.

A partir de que los invitados nos confirmen su asistencia, debemos planear la lista de lo que necesitamos: si requeriremos contratar servicio de banquete o alguien que nos ayude en la cocina; el tipo de menú que ofreceremos; el lugar en donde haremos las compras (consideremos que los ingredientes sean de temporada); en fin, hay que pensar en todo lo necesario, desde el mesero, si es el caso, hasta la vajilla, el hielo, los manteles; después ¡manos a la obra!

Un día antes revisemos la lista de pendientes. De este modo evitaremos cualquier olvido. Y lo más importante, no estaremos agobiados.

La lista, según el caso, puede incluir:

- Vinos.
- Ceniceros.
- Manteles y servilletas.
- Refrescos.
- Velas (si es de noche).
- Agua.
- Comida y platones.
- Botanas y dónde servirlas.
- Vasos.
- Cubiertos para comer.
- Suficientes sillas.
- Meseros.
- Tarjetas (si es formal).
- Flores.
- Alcohol.
- Arreglar bien el baño de visitas.
- Pan.
- Limones.
- Hielo.
- Cubiertos para servir.
- Servilletas para las bebidas.
- Copas.
- Charolas.
- Selección de música.
- Lugar y ganchos para colgar los abrigos.

Si la cena es muy formal y contratamos meseros, o nos ayudan nuestros hijos a pasar los platos o el servicio de la casa, es muy importante repasar con ellos lo que va a suceder cuando se sirva la mesa. Cada uno debe saber lo que se espera de él o de ella, como: ofrecer y presentar la comida por el lado izquierdo, retirar los platos por el lado derecho, servir el agua o el vino por el lado derecho; estar pendientes de retirar el plato en cuanto cada uno termine. Todo esto debe de hacerse en forma tan discreta que apenas se advierta.

SI LA COMIDA SALE MAL

A veces, cuando mejor queremos quedar, algo del menú no sale bien: un platillo se saló o se quemó o simplemente sabe mal. No entremos en pánico; tomémoslo con sentido del humor.

- Si eres un gran *chef*, piensa que probablemente estás exagerando y que el daño no es tan grave. Se puede comer.
- Si antes de servirlo descubres que el platillo es incomible, no lo sirvas. Improvisa algo de manera rápida (una pasta, una gran ensalada con todo lo que encuentres en la alacena); tal vez sean suficientes los otros platillos. Si éste no es el caso, y tienes tiempo, pide algo por teléfono. Cualquier cosa que haya pasado y sea inevitable que tus invitados se den cuenta, es mejor decirlo abiertamente. Nadie va a pensar mal, ni la fiesta será un fracaso. Se trata de esas situaciones que todo el mundo comprende y olvida de inmediato, o toma a juego.

Un buen postre salva cualquier situación, ya que además es el último sabor con el que nos quedamos en la boca y, aunque siempre estemos a dieta, es importante. Por supuesto que nuestros invitados agradecerán que sea ligero, sobre todo si es de noche o lo servimos después de una comida abundante.

Si la comida es en un jardín y hace calor, un gran platón de fruta variada y vistosa o nieve, queda muy bien como postre y se antoja.

LOS GUSTOS HOY EN DÍA

Cada día estamos más conscientes de lo que comemos, de estar en forma y de comer lo más sano posible. Hace unas décadas no era aceptable una cena sin carne, pollo o pescado, hoy existen muchos menús donde una buena pasta los sustituye. Siempre debemos tener presente el tipo de invitados al crear el menú. Si vienen personas mayores, por ejemplo, no es conveniente ofrecer carne o lácteos, ya que por lo general les caen pesados.

Si tenemos a un extranjero de visita, no le demos platos muy mexicanos o comida exótica como: escamoles, caracoles o alguna víscera extraña.

Recuerdo una vez que mi esposo invitó a un estadounidense y se me ocurrió darle sopa de huitlacoche (el hongo del elote). Cuando le expliqué lo que se estaba comiendo, abrió los ojos con cara de *"What?"*

Si somos los invitados y estamos llevando una dieta especial, procuremos informárselo al anfitrión con anticipación. Me refiero a alergias, comidas vegetarianas, una dieta muy estricta, etcétera. Si no lo hicimos y se trata de amigos cercanos, lo mejor será que llevemos nuestra comida o que declinemos la invitación hasta que acabemos la dieta. Quien nos invita se sentirá muy mal si no comemos nada.

BUFFET

Cada vez son más frecuentes, requieren menos preparación en el momento, menos ayuda y podemos invitar a más gente. También facilita la interacción entre los invitados, ya que al pararnos a servir, nos encontramos con otras personas, a diferencia de si sólo estamos sentados en una mesa.

Permite que cada quien escoja y decida la cantidad que quiere comer. Es ideal para quienes disfrutan comer mucho y también para los que están a dieta.

El *buffet* funciona cuando:

* Son demasiados invitados y no caben en el comedor.
* No se tiene la ayuda suficiente para atender a la gente sentada.

Existen dos tipos de *buffet*: el diseñado para sentarse en una mesa, y el adecuado para acomodarse en la sala o el comedor. Cada uno tiene sus propias características.

Buffet para acomodarse

La gente, después de servirse la comida, se instala en cualquier lugar que le acomode. Puede recargar los platos en sus piernas o utilizar unas tablitas muy prácticas (que cualquier carpintero puede hacer) sobre las piernas a manera de mesa. Es importante que las personas tengan una mesa o un mueble cerca para colocar su copa o vaso.

Aunque en realidad este tipo de *buffet* no es muy cómodo, funciona. No es conveniente organizar una comida en esta forma si acudirán personas mayores que requieren un menú fácil de comer. Hay que evitar platillos que necesiten cuchillo o el uso de ambas manos. Tampoco ofrezca comidas con demasiada salsa o cosas complicadas de comer, como el espagueti.

Buffet con la mesa puesta

En este tipo de reunión las personas toman sus platos del lugar donde están sentados y pasan a servirse al *buffet*. Si son varias las mesas de invitados y decidimos de antemano asignar lugares, es conveniente hacer un croquis con el nombre y la ubicación de cada invitado. Esto sirve para garantizar la armonía y buen ambiente del evento. Es importante asegurarnos que las personas se lleven entre sí, o que puedan ser compatibles.

Me ha tocado ver casos donde dos personas no se caen bien, o tienen un conflicto no resuelto que el anfitrión ignora y quedan sentadas juntas. Es tenso para todos.

Otro riesgo que corremos al organizar cada mesa, en cuanto a sus integrantes, es que si llegan a faltar dos parejas o más en una de ellas, ésta se verá desangelada y los que sí llegaron se sentirán incómodos.

Sin embargo, este método tiene ventajas porque evita llegar a "mendigar" mesa, situación que es ¡horrible!, y muy frecuente en las bodas, donde, por eso, es importante llegar temprano.

Antes de que nuestros invitados pasen a servirse la comida, cada vaso en las mesas debe estar servido con agua. En caso de no contar con meseros podemos colocar una botella de vino por mesa para que cada quien se sirva. Hay que estar muy pendientes de reponer las botellas vacías.

Acomodemos las cosas con cierta lógica. En una esquina los platos, los platones con la comida, el pan, la sal y la pimienta; en la otra, salsas, servilletas, cubiertos, vasos. Si colocamos los platos y cubiertos juntos será más incómodo servirse. En medio que luzca la decoración, así evitaremos que la gente se cruce para tomar algo.

Como todo se servirá en un solo plato, éste debe ser grande; recordemos que los sabores deben combinar bien entre sí, pues es inevitable que se mezclen.

Decorar y poner la mesa

De la vista nace el amor. Por eso, en nuestras reuniones hay que decorar las mesas con flores o frutas; esto halaga los sentidos y dará muestra del esmero que pusimos en atender a los invitados.

Algunas personas arreglan sus mesas de *buffet* de forma tan original y atractiva que parecen salidas de una obra de arte. Es muy agradable sentarse a comer en una mesa así.

No importa que la comida sea la más sencilla del mundo, siempre que esté bien presentada y sazonada. La gente saldrá tan feliz o más, que si brindamos platos sofisticados y caros.

Cuando mandamos a hacer la comida, por lo general nos la traen en platones de aluminio. Jamás la presentemos así en la mesa. Es indispensable que pasemos la comida a charolas o platones que sean de la casa. Por supuesto nunca llevemos la comida en la misma olla en que se cocinó, a menos de que se trate de paella o sean platones de barro, que estén en buen estado. Tampoco en recipientes de plástico a menos que sean de acrílico.

Los cubiertos con los que serviremos la comida (el servicio) deben ser de madera o plateados, ya que los de plástico o los de cocina de aluminio afean la presentación.

No incluiremos los postres en el *buffet* desde el principio, sino hasta que todos los comensales hayan terminado el plato principal. Antes de colocarlos en la mesa, es necesario volver a limpiarla.

Servirse

Cuando hemos sido invitados a un *buffet*, recordemos que estamos en una casa privada y no en un restaurante de "todo lo que usted pueda comer", sirvámonos con moderación y no como si fuera la última comida de nuestra vida. Es mejor que nos levantemos dos o tres veces por raciones normales. Procuremos servirnos rápido porque hay personas que esperan también. Si contamos con meseros o gente de servicio, ellos pueden preguntar a los invitados si desean que se les sirva una segunda vez o incluso pasar los platones por las mesas.

Todos hemos hecho largas colas para servirnos en un *buffet*, y sabemos lo incómodo que resulta. Evitarlo es muy sencillo: si son muchos los invitados, arreglemos dos o tres mesas de *buffet*, o en una mesa rectangular coloquemos lo mismo en los extremos; al haber dos filas, circulará la gente más rápido.

Siempre tengamos la atención de servirle a los mayores o a cualquier persona que lo necesite.

EN RESUMEN

• Hay dos tipos de *buffet*, uno diseñado para sentarse a la mesa y otro para que nos acomodemos en la sala y el comedor.
• Elegir un menú fácil de comer.
• Evitar platillos que requieran cuchillo.
• Decorar la mesa con gusto y lógica.
• Elegir platillos con sabores que combinen. No olvidar que todo va en un mismo plato.
• Intentar servirnos lo más rápido posible.
• Ayudar a quienes lo necesiten, como personas mayores o gente con algún problema físico.

Cómo vestir la mesa

C uando invitemos a alguien a compartir nuestra cena es importante que hagamos un verdadero esfuerzo para que la mesa se vea bonita, atractiva y completa. Las mesas redondas pueden ser más prácticas que las rectangulares, ya que facilitan la conversación del grupo; en las mesas largas el ambiente suele dividirse.

Nuestros invitados se sentirán consentidos si los recibimos con una mesa puesta con cuidado, gusto y atención. También vale la pena invertir poco a poco en platos bonitos, buenos cubiertos, copas y manteles. Pero, si no contamos con los elementos que creemos necesarios para organizar una cena o un evento especial, pidámoslos prestados a una amiga, a nuestra mamá o a la abuelita, incluso podemos rentarlos. Existen negocios dedicados a rentar todo lo necesario para vestir una mesa, que cuentan con piezas muy bonitas y para cualquier tipo de ocasión. Para que todo quede perfecto la regla básica es respetar el estilo y el tipo de ambiente.

La vajilla que utilicemos debe llevarse bien con el mantel: no pongamos un mantel oaxaqueño con una vajilla inglesa, o colores que no combinen entre sí. Lo mismo pasa con los vasos: usemos la lógica, los vasos de vidrio soplado no quedan con una vajilla muy fina, aunque sí se ven lindos cuando la mesa es típica mexicana.

EL MANTEL

Antes de pensar en el mantel, debemos cubrir la mesa con un *molleton* o fieltro blanco. Lo ideal es que esta pieza mida diez centímetros menos que el mantel y diez más que la mesa. Su función es evitar que se maltrate por líquidos, cosas muy frías o calientes, además de que evita que se escuchen los ruidos que se generan al poner platos y cubiertos. Ahora sí, es el turno del mantel.

El mantel va encima del *molleton*, y debe caer 30 centímetros por lado, estar perfectamente planchado y contar con servilletas que le hagan juego o que combinen aunque no hagan juego. Cuando es muy grande podemos plancharlo ya puesto sobre el *molletón* en la mesa.

Un mantel muy bonito es un elemento básico, pues le proporciona el toque especial a nuestra mesa: alegre, elegante, mexicana…

Existen manteles de muy diversos materiales: lino, algodón, telas sintéticas, y todos pueden ser útiles en distintas ocasiones. Por ejemplo, podemos utilizar dos manteles de diferentes colores o uno liso y otro de encaje para lograr un contraste; o poner uno más chico sesgado sobre otro, para darle a la mesa un aspecto interesante. Todo es válido siempre y cuando sea estético y armonice con todos los elementos que lo rodean: las flores, la vajilla, los cubiertos.

Si el menú incluye un mole o cualquier otro platillo mexicano muy jugoso, es mejor optar por un mantel de manta o colorido que disimule, en caso de que se manche durante la reunión.

MANTELES INDIVIDUALES

En una cena o comida formal, si nuestra mesa es de granito o de alguna madera especial, o tan grande que ningún mantel le queda, podemos utilizar manteles individuales muy finos de lino, organza o deshilados. También podemos recurrir a ellos en una comida informal, con día soleado. Para estos casos son recomendables los individuales de paja o de algodón. Evitemos los de plástico, pues nunca se ven bien.

LAS SERVILLETAS

Las servilletas del mismo juego que el mantel se ven bien, sin embargo a veces son muy chicas. En esos casos, sugiero que compremos una tela de lino del color del mantel y las hagamos del tamaño europeo, que es de 65 x 65 centímetros. Las servilletas grandes cubren muy bien el regazo y dan la sensación de esplendidez.

En la mesa pueden colocarse sobre el plato a la izquierda del tenedor, dobladas a la mitad. Si así lo preferimos, también pueden ir ligeramente almidonadas, dobladas en cuatro y formando un cono. Cuando la ocasión es informal, podemos hacer figuras con ellas o meterlas dentro del vaso o copa. Si la mesa es formal no hagamos figuras. Entre más manipulada se vea la servilleta menos elegante y formal lucirá.

Siempre utilicemos servilletas de tela, ya sea en cenas o comidas formales o informales. Por más decoradas que estén, las de papel son inapropiadas. Además siempre quedan a la vista una vez que se han usado.

Algo importante de recordar es que, después de cada uso las servilletas de tela hay que lavarlas, por más limpias que puedan verse.

ADORNOS

Los adornos, así como las flores o las velas en la mesa, son necesarios y se ven muy bonitos. Sin embargo, cuando la mesa es muy pequeña o no están bien proporcionados, estorban.

La altura de un centro de mesa no debe superar los 25 centímetros para permitir que los invitados tengan contacto visual. Hay eventos en que nos la pasamos esquivando flores y esto no permite que se genere la plática.

Los centros pueden ser arreglos florales naturales o de frutas frescas, una gran sopera antigua, un adorno o una combinación. Existen floreros especiales para centros de mesa, que son muy pequeños y que se ven muy bien. Hay que tener cuidado con las flores muy aromáticas, como los nardos, pues interfieren con los olores de la comida. Y, por supuesto, evitar las flores artificiales.

Podemos buscar en las revistas de decoración, enriquecen la imaginación y nos invitan a experimentar.

VELAS

Las velas son imprescindibles en una cena. Dan una luz muy cálida que favorece mucho el ambiente. Pueden ponerse en el centro de la mesa o a los lados, siempre y cuando no estorben. Con la luz de las velas se crean atmósferas deliciosas, románticas y mágicas, además su luz disimula las arrugas (¡qué más se puede pedir!).

Hay unas velas blancas que parecen de iglesia. Pero hay otras de tono marfil que se ven muy elegantes. Entre más largas sean, más estilizadas se verán. Se deben prender justo en el momento en que los invitados se sientan a la mesa.

En cualquier parte de la casa, como la sala, el baño de visitas o el mueble del comedor, las velas prendidas se verán preciosas de noche.

Me ha tocado ver velas muy bonitas que jamás son prendidas para evitar que se gasten. Esto es absurdo pues justamente es negarles su esencia, ¿o no?

VAJILLA, CUBIERTOS, COPAS

Una vez una amiga que estaba recién casada decidió invitar a cenar a todos los directores del trabajo de su marido. Ella, al igual que su mamá, es una excelente cocinera y estaba segura de que iba a impresionar a todos. Durante dos semanas planeó con detalle el menú. El día de la cena tenía toda la comida preparada, los meseros contratados, pero olvidó un pequeño detalle: sus invitados eran doce y su vajilla y cubiertos eran para ocho personas. Tuvo que mezclar su vajilla de diario con la de las ocasiones especiales, no fue lo ideal, aunque, digamos que su mesa se veía "original".

Como vimos, la mamá, la vecina o la suegra pueden sacarnos perfectamente del apuro al prestarnos lo que nos falta, pero no olvidemos regresar todo al día siguiente con una tarjetita de "gracias" acompañada de unos chocolates, flores o lo que sea, si queremos que nos vuelva a hacer el favor.

La vajilla

Una buena noticia es que en una mesa no todos los platos, copas y cubiertos deben ser iguales. Ahora se usan las mesas "eclécticas"; es decir, una mezcla de estilos, colores y materiales, siempre y cuando sean de la misma "familia". En otras palabras, o todo elegante o todo informal.

Se pueden combinar muy bien dos vajillas diferentes de Talavera con dos tipos de vasos o copas de vidrio soplado, quizá de dos colores. En fin, el caso es que visualmente la mesa quede agradable y coordinada.

Plato base

Una mesa bien puesta siempre lleva plato base debajo de los platos de cada lugar. Este plato es de diseño y material diferente al del resto de la vajilla. Puede ser de *pewter*, de paja, de plata o de cerámica, no importa, y permanecerán en la mesa desde el principio de la comida hasta que se retire el plato extendido. El plato del postre se coloca ya directamente sobre el mantel. Son completamente planos y su función es únicamente la de vestir la mesa.

Para calcular cuántas personas pueden sentarse cómodamente, consideremos un espacio de diez centímetros a cada lado del plato base para poner los cubiertos.

Sobre el plato base colocamos el plato extendido, encima un plato más chico para la entrada. En caso de servir sopa, el plato hondo debe llevar un plato pequeño abajo para facilitar la manipulación al retirarlo.

La sopa puede estar previamente servida, aunque corremos el riesgo de que si los invitados no pasan a sentarse rápido se enfría. También un mesero puede ser quien pase la sopera. La sopera se presenta tapada y se ofrece el cucharón al primer invitado. Luego el cucharón permanece dentro de la sopera para que los otros se sirvan. Nunca se presentan los platones o la sopera a la mesa sobre charola. Se deben pasar directamente previendo tener un guante o un trapo blanco para evitar que se caliente la mano. Coloquemos los platones de vidrio que salen del horno sobre una base de su tamaño, de madera o plateado, y así llevémoslos a la mesa.

Si vamos a servir la ensalada al mismo tiempo, utilicemos platos de media luna o ensaladeras que se colocarán al lado izquierdo del plato base. Estos platos nunca son iguales a la vajilla y por lo general, son de vidrio. Son prácticos porque no se revuelven sabores.

El plato de pan se ubica a la izquierda del plato de presentación.

El pan puede estar en la mesa desde el principio, colocado en medio de la mesa en una linda panera con una servilleta blanca de tela. Si la mesa es muy grande recomiendo poner dos paneras. Si cuenta con un mesero, él debe estar pendiente de sustituir el pan cuando termine.

Los saleros pueden ser del mismo juego que la vajilla o ser de un material diferente, no importa.

Si la comida es muy formal colocaremos un salero y pimentero al alcance de la mano de los comensales. Si es una mesa muy grande, también recomiendo que sean dos.

Los cubiertos

En las cenas muy formales los cubiertos para cada plato se llevan a la mesa conforme se vayan necesitando. El mesero los irá colocando de comensal a comensal y sólo traerá un juego de cubiertos para todos por vuelta y no una charola llena con todos.

Al terminar de repartirlos a los invitados pasa el siguiente platón para que se sirvan. Es claro que tienen que ser uno o dos meseros conocedores, eficientes y rápidos quienes lo hagan.

En cenas formales los cubiertos se colocan sobre la mesa desde antes, aunque no es recomendable colocar más de tres de cada lado del plato, pues los pobres invitados se "apanicarán", además de que no caben en la mesa.

Los cubiertos se deben presentar siempre en pares, menos la cuchara para sopa. Las cucharas y cuchillos se colocan a la derecha siguiendo el orden del menú. El cuchillo siempre con el filo hacia adentro. Si son tres cubiertos, el más lejano al plato será la cuchara sopera, después irá el cuchillo de pescado o marisco y, por último, el de carne.

Los tenedores van a la izquierda del plato de presentación, en el orden que se vayan a usar. Otra vez, el más alejado será el primero a utilizar y el más cercano el último.

Sólo se colocan los cubiertos necesarios; esto es, si no hay sopa, no se pone cuchara sopera.

Los cubiertos de postre van en la parte superior del plato. Colocando la cuchara para ser tomada con la mano derecha y el tenedor con la izquierda.

También se acostumbra llevarlos a la mesa un momento antes de servir el postre.

Los cubiertos se colocan boca arriba siguiendo la costumbre anglosajona. Los franceses los colocan al revés (con los dientes de los tenedores y los cuencos de las cucharas hacia abajo). Esto viene al caso cuando los cubiertos tengan un diseño al reverso, pero en México no es común.

Cubiertos de servicio

Estos cubiertos que acompañan a los platones se utilizan para que los invitados se sirvan y deben verse especiales también. Es aconsejable que sean iguales o similares a los cubiertos de mesa. No mezclemos los de acero inoxidable con los plateados y jamás llevemos los utensilios de cocina a la mesa, no lucen bien.

Cuando el mesero se acerque para que nos sirvamos, debemos tomar la cuchara grande con la mano derecha y colocarla abajo del alimento y el tenedor encima cerrando la pinza. Una vez que nos servimos se regresan al platón con el cucharón encima y boca abajo.

Copas y vasos

Sólo deben colocarse los que se van a utilizar.

Tipos de vasos

- Vaso o copa de agua (el más grande).
- Vaso o copa de vino rojo o rosado (el mediano).
- Vaso o copa de vino blanco (el pequeño).
- Copa de champán (Tipo flauta o muy ancha y abierta).
- Copa de cognac (chaparra y ancha).

En Europa es común servir el vino en vasos en lugar de copas. Ambos son permitidos. Si la cena es muy formal las copas son las adecuadas.

Hay dos formas tradicionales de colocar las copas: la europea o continental, y la anglosajona.

En la continental las copas se alinean de izquierda a derecha por tamaños, empezando por la de agua y terminando con la de vino blanco. Si vamos a servir champán, la copa debe ir en el extremo izquierdo, antes que la del agua.

En la anglosajona la copa de agua se pone en el lado derecho del plato, justo arriba del cuchillo de mesa. Las demás van en una línea inclinada por tamaños. La de champán estará colocada formando un triángulo.

El agua puede estar servida cuando los invitados se sienten a la mesa. No usemos hielos porque provocará goteos incómodos. No llevemos a la mesa el vaso de la cuba, de whisky o tequila que estemos tomando antes de cenar.

Los vasos de licor, whisky o las copas de cognac se colocan en la mesa al final, cuando se hayan retirado ya todos los platos de la cena.

CÓMO VESTIR LA MESA. LO BÁSICO

- Vestir la mesa con gusto y cuidado halaga a los invitados.
- Vale la pena invertir poco a poco en artículos para la mesa.
- El mantel blanco nunca falla.

1. Plato de sitio (marca el lugar de cada comensal)
2. Plato de comida.
3. Plato de pan.
4. Cuchara sopera.
5. Tenedor de pescado.
6. Pala de pescado.
7. Tenedor de comida o grande.
8. Cuchillo de comida o grande.
9. Tenedor de postre.
10. Cuchara de postre.
11. Copa de agua.
12. Copa de vino tinto.
13. Copa de vino blanco.
14. Copa de champán.
15. Cuchillo de postre.

- Entre menos manipulada se vea la servilleta, más elegante lucirá.
- Podemos mezclar dos vajillas, siempre que se vean armónicas.
- La altura del centro de mesa no debe exceder los 25 centímetros.
- Las velas sólo se ponen si se trata de cenas.
- El menú determina el número y tipo de platos, cubiertos y copas.
- La sopa, el pan y el agua pueden estar en la parte superior del plato o llegar con el postre.
- Sólo se colocan las copas que se van a utilizar.
- Los vasos y copas de licores se llevan cuando se necesiten, después del café.

Comer es un placer

Comer es una necesidad, pero comer con inteligencia es un arte.

DE LA ROCHEFOUCAULD

CONSIDERACIONES GENERALES

Si el arte culinario no es nuestro fuerte, no debemos preocuparnos. Podemos pedirle recetas fáciles a esa amiga que tanto nos gusta cómo cocina o buscar entre los libros de cocina cualquier receta que sea sencilla y vistosa. Si no tiene libros, en varios periódicos existen suplementos de cocina, o en cualquier puesto hay una gran variedad de revistas de comida económica y buena, lo importante es perderle el miedo.

No se trata de impresionar, sino de compartir momentos agradables. Algunas veces tiramos la casa por la ventana y presentamos platos tan elaborados y costosos, que los invitados se pueden sentir comprometidos e incómodos, con lo que se anula toda posibilidad de que correspondan a la invitación, y no se trata de eso.

Un ambiente demasiado formal y rígido mata cualquier convivio. Demasiada severidad en la etiqueta y el trato genera una atmósfera fría y falsa. No hay como la espontaneidad, la soltura y el sentirnos cómodos.

Si no contamos con ayuda para servir, pensemos en hacer platillos que sean fáciles de recalentar o cocinar antes de que nos sentemos a cenar, para evitar quedarnos encerrados en la cocina durante toda la reunión.

Es importante que no practiquemos recetas nuevas justo el día de la cena. Una vez yo lo hice y al probar el pescado, ya sentada en la mesa, me quise morir por lo salado que estaba. Recuerdo que nada más veía la cara de mis pobres invitados que no sabían cómo salir del apuro. Mejor vayamos a lo seguro.

Evitemos los platillos difíciles de comer, como pichón, caracoles o cangrejos, ya que por lo general nadie tiene la destreza para hacerlo correctamente y esto crea tensión en la mesa.

Otra cosa: "Más vale que sobre y no que falte." Es muy desalentador ir a una comida y toparnos con que no hay suficiente para todos.

También es importante ser precavido y, si ofrecemos pescado o mariscos, tengamos preparada otra cosa, por si resulta alérgico algún comensal.

Intentemos recordar o apuntar los gustos de nuestros amigos, así como aquello que dimos la última vez, para no repetirnos.

Cuando pidas comida a domicilio, como sushi, hamburguesas o tacos, arréglalos como si los hubieras cocinado; en bonitos platones, con la mesa bien puesta.

LAS COMBINACIONES IDEALES

No cabe duda que cocinar bien es todo un arte. Hay quien tiene ese don en forma natural, y no sólo me refiero a la sazón y al sabor, que sin duda son importantes, sino a la presentación, a las texturas y a los colores que deben cambiar.

El equilibrio en el menú es importante. Hay que tener cuidado con la mezcla de sabores. No combinemos un plato muy condimentado con otro de sabor delicado, porque a la gente le parecerá desabrido el segundo. Si su plato principal es ligero, un postre fuerte va bien y viceversa.

Un error muy común es hacer menús pesados, una crema de queso, lomo de puerco en mole con frijoles, arroz y pastel de chocolate. Ofrezcamos mejor platillos más ligeros y digeribles. Nuestros invitados nos lo van a agradecer, sobre todo si es de noche, ya que la digestión es mucho más difícil cuando uno está inactivo y durmiendo. Evitemos en la noche la clásica cocina española o la árabe, pues, aunque deliciosas, son más apropiadas para el día.

Es importante combinar el colorido de nuestros platillos. Por ejemplo, si hacemos sopa de fideo, no sigamos con arroz rojo; si abrimos con una sopa de calabaza, no rematemos con un pollo al perejil. Tampoco es afortunada la combinación de crema de elote, con un pescado al vapor con arroz blanco y helado de coco. Parte de lo que hace que se nos antoje un platillo es la "estética" y balance visual del mismo. Procuremos entonces que la combinación de guisados resalte el color y el sabor de todos los alimentos.

Tenemos unos amigos, Ricardo y Ema, quienes el 15 de septiembre preparan todo el menú conjugando los colores verde, blanco y rojo.

De entrada ofrecen el tequila servido dentro de un jitomate pequeño con un chile serrano y una cebollita; la mitad de la sopa es de pimiento rojo y la otra de elote, dividida por un rayoncito de salsa de cilantro; las tortillas se acompañan con chile ancho o con epazote; ofrecen agua de jamaica, de tuna con limón y horchata.

El plato fuerte es chiles en nogada con arroz blanco y guarniciones de los tres colores patrios. El pan también es tricolor trenzado.

Algunos tips

- No mezclar en un mismo menú los siguientes platillos: arroz, pasta, lentejas, habas y papas.
- No cocinar dos platillos que tengan crema o vino blanco, o hierbas muy aromáticas como el romero o el estragón.
- Tampoco utilicemos dos salsas en una misma sentada.
- Si damos sopa, es mejor no ofrecer pasta después.

Precauciones

- *El ajo.* Hay que evitar usar grandes cantidades de ajo en los platillos, sobre todo en las cenas. A mucha gente le cae mal en la noche y genera un aliento nada grato.

  Nota: Si tu pareja no soporta el ajo, es mejor evitarlo, salvo si ambos lo consumen.
- *El chile.* Aunque seamos unos amantes de la comida picante, es importante considerar que a mucha gente no le gusta. Podemos hacer un plato que pique poco, pero evitemos hacer una crema al chipotle, con una carne enchilada y rajas. Para aquellos que deseen más picante, tengamos lista una salsa a un lado, así cada quien se servirá a su gusto.
- *Desinfectar-limpieza-agua.* Una amiga asegura que tanto ella como su familia son inmunes a todos los gérmenes y bichos que andan por los alimentos, por lo que no desinfecta ni las fresas ni las verduras. No todo el mundo tiene esa suerte, por lo que es importante que cuando invitemos a alguien tengamos la precaución de desinfectar y lavar todo a conciencia, cocer el puerco muy bien y dar agua purificada. No sería agradable que al día siguiente todos nos hablen para reclamarnos una enfermedad.
- *Grasa.* Hay personas que tienen la idea de que a mayor grasa, mayor sabor. El exceso de mantequillas y aceites no es sinónimo

de sabor. Es cierto que algunos platillos cocinados con mucha grasa son muy ricos. Sin embargo, otros cocinados con poca grasa quedan igual de bien. Cada vez más gente prefiere una dieta magra.

- *Adornos.* A veces queremos quedar tan bien, que adornamos los platos al punto que parecen piñatas. Perejil chino por aquí, flores del jardín y limón por allá, unas aceitunas, rajas de pimiento, etcétera. Como en la ropa, hay que cuidar que no se nos pase la mano. Lo sencillo siempre será sinónimo de elegancia.
- *Cocinar con alcohol.* Mucha gente cree que cuando cocina con alcohol, éste se evapora y no es así. El alcohol nunca se evapora totalmente, y el grado de evaporación depende de la cantidad y del tiempo de cocción. Hay que ser muy sensibles a esto y asegurarnos que entre nuestros invitados no haya algún alcohólico anónimo o alguien sensible al alcohol.

Recibir y presentar

No conoces a alguien cuando te visita,
sino cuando vas a visitarlo.

REFRÁN GRIEGO

LLEGADA DE LOS INVITADOS

Puntualidad

*L*a puntualidad es un punto que muchas veces desatendemos y es muy importante. Estamos tan acostumbrados a la impuntualidad, que en México citamos temprano porque sabemos que los invitados llegarán tarde.

A todos nos ha pasado que organizamos una cena y dan las diez de la noche y no ha llegado nadie. Es horrible, uno empieza a pensar mil cosas angustiantes: ¿vendrán?, vamos a cenar tardísimo, se va a secar la carne, nos vamos a súper desvelar...

Una de las razones por las que llegamos tarde es que nos da flojera o temor ser los primeros en llegar. Creemos quizá que nuestros anfitriones van a pensar que es nuestro único evento del año y, aunque así fuera, ¿por qué actuar de esta manera?

Por otro lado, hay una regla no escrita que dice que si la cita es a las 8:30 no debemos llegar en punto porque es una imprudencia: la señora no se ha acabado de arreglar, la botana todavía no está lista, ni las velas prendidas y el señor todavía no se pone la corbata.

El tránsito de hoy no es un buen pretexto para justificar nuestra tardanza. En las grandes ciudades todos sabemos cuándo, dónde y a qué hora lo hay. Sin embargo, no hay que buscar excusas sino hacer lo correcto y, en este caso, lo más prudente es llegar unos veinte o treinta minutos, como máximo, después de la hora fijada. Claro que sólo funciona para nuestro país, pues si un inglés lee esto, se infartaría.

Si por alguna razón específica, sabemos que vamos a llegar tarde, procuremos hablar por teléfono y avisar.

TODO LISTO

En los anfitriones no cabe la impuntualidad, pues tener todo listo a tiempo es iniciar la reunión con el pie derecho. Hay que estar vestidos y arreglados, con todo en orden y en su sitio, antes de que lleguen los invitados: el hielo, los vasos, el alcohol, las servilletas, el limón, la sal, el vino o cerveza ya en el refrigerador, las flores.

Una vez unos amigos nos invitaron a Pablo y a mí a cenar. Desde que llegamos nos dimos cuenta que o se les había olvidado que llegábamos o tenían una enorme flojera. Todo estaba apagado, desde la luz de la puerta en la calle. Se tardaron años en abrirnos, años en bajar, y cuando lo hicieron tenían una cara de almohada que no podían con ella. La mesa no estaba puesta y nos dieron de cenar algo improvisado rápidamente en la cocina. ¡Nos hicieron sentir como intrusos imprudentes! Hubiera sido mejor que no nos invitaran.

LA LLEGADA

Como anfitrión

Un buen detalle es estar en la puerta para recibirlos y ayudarles a quitarse el abrigo, o lo que traigan. Si contamos con ayuda —el servicio doméstico o el mesero—, debe estar pendiente para recoger las prendas y llevarlas a guardar.

Lo primero que haremos es decir: "Gracias por venir", "qué gusto recibirlos" o "qué bueno que vinieron". Cualquier frase amable que los haga sentirse bienvenidos.

Si traen flores, ponerlas a la vista, aunque nos tome tiempo.

En realidad es mucho más cómodo y práctico para la anfitriona que se las envíen con anticipación.

Si llevamos una botella de vino, no es obligatorio que se sirva en la cena, ya que probablemente no combina, o nuestros anfitriones tienen cuatro botellas preparadas y abiertas del mismo vino. Sin embargo, si nos traen galletas o chocolates siempre hay que ofrecerlos al final de la comida.

No olvidemos que desde que nuestro invitado entra a la casa y hasta que se va, es nuestra responsabilidad que esté cómodo y que se la pase lo mejor posible.

Como invitado

No pasemos por alto llevar un detalle a nuestro anfitrión, por habernos invitado. Debe ser algo que sepamos que le va a gustar como: un CD, una foto enmarcada que le hayamos tomado, un libro, o lo clásico: vino, flores o galletas.

Si es una fiesta, es mejor no aceptar nada de beber antes de que haya saludado a los anfitriones, es horrible que nos encuentren ya con la copa en la mano: "Hola, yo aquí divertidísimo en tu fiesta…"

Si es una fiesta de cumpleaños no le demos el regalo al ocupado anfitrión, sino al mesero, o dejémoslo en donde haya varios. Por eso es indispensable que en nuestro regalo vaya nuestra tarjeta pegada con cinta adhesiva, pues no queremos que se caiga y nunca se entere de que llevamos un presente.

¿Qué hacer si alguien se autoinvita a nuestra fiesta o aparece de repente?

Después de recuperarnos de la sorpresa de contar con un nuevo invitado, no nos queda otra que recibirlo muy bien y acogerlo igual que a los demás. Esto es fácil cuando se trata de un *buffet* o de una reunión informal, pero el asunto se complica cuando tenemos lugares justos en la mesa; cuando la comida está contada; cuando no nos cae muy bien la persona o cuando, por su presencia, los demás se incomodan.

¿Qué hacer en esos casos? No hay más que echar mano de nuestra creatividad y adaptarnos a la nueva situación con una sonrisa.

Si por alguna razón somos los que queremos llevar un nuevo invitado a la reunión, siempre avisemos de antemano. Y, por supuesto, sobra decir que no hay que ir a donde no nos inviten.

Otra cosa que debemos evitar es hablar y decir: "¿Puedo llevar a mis hijos?" Si desde un principio no los invitaron, es claro que llevarlos será una imprudencia. No hay peor cosa que llegue alguien con la familia completa a una reunión de adultos.

¿CÓMO SALUDAR?

Cuando llega una persona, sólo los hombres y los jóvenes tienen que levantarse, las mujeres podemos permanecer sentadas, salvo si llega una mujer mayor, enferma o embarazada. Por supuesto que si se trata de la esposa del presidente todos nos tendremos que poner de pie. En otro caso, no.

A veces ocurre que todos se levantan y uno, como mujer, no debe quedarse sola y hacer gala de nuestros conocimientos de buenos modales, lo importante es adaptarse con espontaneidad, lo que evidenciará nuestra gentileza.

Saludo de mano

El saludo de mano se originó en la edad media y era una forma de mostrar que no se portaba armas. Desde entonces se instituyó como señal de bienvenida y cortesía.

El dar bien la mano tiene su arte. Es el primer contacto físico que tenemos con el otro, y a través de él enviamos mucha información. Por eso siempre procuremos dar la mano con firmeza, viendo al otro a los ojos y manteniendo el contacto visual el tiempo que dure el saludo. Es importante sonreír y decir el nombre de la persona. Si no la conocemos, en ese momento hay que preguntarlo, y si se nos olvidó, sustituyamos la falta con mucha amabilidad.

Lo que hay que cuidar al saludar de mano

* No triturar la mano del otro.
* No darla de pescado (resbalosa).
* No bombear agua (sudorosa).
* No sujetar al otro por mucho tiempo.

El beso

Un beso es un medio, más que un simple mensaje. Los romanos lo catalogaban en tres tipos: de amistad, de amor y de pasión.

Los rabinos, en el Talmud, los identifican en otro trío: de saludo, de despedida y de respeto.

Un beso puede ser una promesa, un símbolo de traición como el de Judas, o de muerte, como en la mafia. Puede sanar la herida de un niño o conquistar un país entero al ser depositado en la tierra que visita. A veces es un insulto, dependiendo de quien venga, o la máxima muestra de nuestros sentimientos, que es el amor. Byron lo describía como "un terremoto del corazón".

El beso encierra muchos lenguajes. Puede ser irónico, tierno, apasionado, de simple costumbre o de saludo. Puede ser una tortura para un niño, lo mismo que para un adulto cuando lo recibe de una boquita embarrada de paleta.

Un beso despierta pasiones y las sacia, por eso ha sido tema de miles de canciones como "El beso", melodía española de Moradeda; de fotografías; de nombres de calles como "El callejón del beso" en Guanajuato, y de pinturas y esculturas entre las que destaca "El Beso" de Rodin, creada en 1898.

El hombre no es la única especie que se besa, lo chimpancés, los caballos, algunos peces y hasta los perros se besan para cortejarse o rendirse.

Hay varias formas de expresar amor a través de un beso, sin que la distancia sea problemas. Puede ser soplado, insinuado o enviado por teléfono. Besamos fotos, cartas o cualquiera de las posesiones de un ser querido.

Dice el científico Daniel McNeill que besamos al principio de largas ausencias, como si quisiéramos llenar con eso el futuro desprovisto de afecto. Claro que sólo funciona para nuestro país, pues si un inglés lee esto, no lo comprendería.

Un beso puede expresar afecto, gratitud, bienvenida, reconciliación, entusiasmo o profunda tristeza.

La memoria puede olvidar muchas cosas, menos la sensación de recibir el primer beso.

Un poco acerca del protocolo

Muchas culturas con orígenes latinos, como la nuestra, usan el beso en la mejilla como un saludo cordial. No es tan sencillo como puede sonar. Entran en juego varias cosas: el tipo de beso, la frecuencia. ¿A quién se le da? ¿Cuándo y cómo es apropiado darlo?

En un beso típico de saludo, por lo general se espera que las mejillas se toquen, que los labios sólo hagan el ruidito de besar y que el beso se escape en el aire. El beso bien plantado con todos los labios debe otorgarse únicamente a nuestros seres queridos. De otra manera, puede resultar incómodo a quien lo recibe.

Hay quienes de plano al besar sólo se acercan en forma blanda y distante y, lejos de halagar, caen mal.

¿Cómo saber cuándo dar un beso y cuándo no? La respuesta la da el pequeño jalón que se da a la mano. Por lo general el beso surge naturalmente en ambas partes, aunque hay ocasiones en que se da en forma inesperada, sin el permiso implícito que da el jalón y el beso sale forzado.

En algunos países como en Francia, el beso se da en ambas mejillas. En otros lugares, como Bélgica y Rusia, se acostumbra el beso triple. Hay que estar preparados al conocer a un oriundo de esos sitios, ya que, de otra manera, el saludo termina siendo un enredo de caras y gestos.

En México, las personas que imitan esa costumbre pueden llegar a verse muy *snobs*, al igual que quienes besan la mano de una mujer.

¿A quién se le da un beso? Los jóvenes han implantado la moda de besar a cualquiera que se les ponga enfrente. Si un adulto no los saluda de beso, ellos lo toman como señal de distanciamiento. No es necesario dar la mano, con sólo aventar la mejilla al encuentro de la otra, el saludo está dado.

En el trabajo cotidiano no se usa saludar ni despedirse de beso. Es más cómodo para todos.

Si conoce a un cliente quizá pueda saludarlo de beso, pero con desconocidos, el saludo o la despedida de beso es una cuestión de posición. Si se considera que son del mismo rango, del mismo nivel socio-económico, del mismo grupo, entonces procede el beso, de lo contrario la gente prefiere dar la mano.

Cada vez más mujeres se saludan de mano. Sobre todo cuando no se conocen. Eso me parece perfecto. ¿Quién se cuestiona que dos hombres se saluden de mano?

Es muy importante comprender que los chicos de once o doce años empiezan a saludar de mano para marcar su independencia en las puertas de la adolescencia.

El beso transmite una chispa del alma y, como dice Campoamor, "en la mejilla es bondad, en los ojos ilusión, en la frente majestad y en los labios, pasión".

LAS PRESENTACIONES

La mejor presentación que podemos hacer entre dos personas es aquella que les da pie para iniciar una plática. Para esto hay que mencionar brevemente algo relacionado con la persona. Por ejemplo: "Luis, te presento a Pedro López, es experto en todo lo relacionado con la siembra de camarones…", y "Pedro, te presento a Luis quien se dedica desde hace tiempo a la maquila, además de ser mi queridísimo compadre."

Es importante que el comentario que realicemos de la persona lo haga sentir bien, sin caer en excesos ni en falsedades. Podemos reconocer que alguien tiene una gran habilidad para algo sin necesariamente sentir cariño por él. No olvidemos también que todos tenemos un ego más grande que nosotros y que a todos nos gusta que se nos reconozca en algo.

Tengamos la delicadeza de presentar siempre a la persona de menor edad con el mayor: "Tío Miguel, te quiero presentar a mi hija Karla." Se presenta un hombre a una mujer. Ejemplo: "Paola te presento a Diego Quintana." Se presenta el de menor jerarquía al de mayor. Ejemplo: "Doctor Luis Velazco le presento a mi sobrino Pepe." Para que no se te olvide recuerda que se menciona primero a la persona más importante.

Cómo presentar

Es muy importante que nos aprendamos los nombres de nuestros invitados de antemano, y saludar a cada uno por su nombre. Sólo hay que hacer un pequeño esfuerzo.

Ejemplos: "Te presento a Claudia, mi queridísima amiga del curso de buceo" o "te acuerdas que te platiqué de mi amigo Fernando con quien realicé ese estupendo viaje por Veracruz".

Una vez que hemos presentado bien a una pareja con otra, tenemos la oportunidad de separarnos y estar pendientes de que todos estén platicando con alguien más.

Cuando estamos al aire libre y nos presentan a alguien, tengamos la delicadeza de quitarnos los lentes oscuros para que nos conozcan bien. Cuando no le vemos los ojos a una persona, simplemente no es fácil que podamos comunicarnos y damos la impresión de "yo sí te veo a ti aunque tú no me veas a mí". No cae bien. Si traemos un cigarro en la mano o una copa es mejor dejarlos en la mesa para estrechar la mano bien y darle la importancia que merece el saludo.

Recordemos que las dos reglas más importantes en las relaciones humanas son: "Haz sentir importante al otro" y "llámalo por su nombre".

Para nadie es agradable que le demos una rápida revisada de arriba abajo antes de decir "mucho gusto". Hay hombres que no pueden disimular esa actitud. Entre mujeres también es común y no es correcto hacerlo, pues la otra se sentirá examinada y no sabemos si con eso bajamos su autoestima.

LOS TÍTULOS

En el ambiente de trabajo es perfectamente adecuado, incluso a veces necesario, presentar a las personas con su título, "el licenciado, ingeniero, doctor, etcétera". A veces nosotros mismos nos presentamos: "Habla el arquitecto...", "soy la licenciada fulana de tal".

Sin embargo, en lo social puede sonar muy presuntuoso si uno mismo lo dice; es mejor mencionar sólo nuestro nombre. No obstante, cuando presentamos a personas que tienen títulos nobiliarios, diplomáticos o rangos similares debemos mencionarlos, pues si no lo hacemos, lo tomarán como un desaire: "Señor embajador, le presento a..." "Coronel, permítame presentarle a..."

EL APERITIVO, LAS BOTANAS

Con el aperitivo y la botana lo que se pretende es crear un ambiente relajado para presentarnos, conocernos y, de paso, entretener el hambre.

Además de ofrecer lo acostumbrado como whisky, tequila, jerez seco o cuba, podemos usar el ingenio y ofrecer un martini bien preparado, un oporto, una cava (vino espumoso catalán) o, si queremos vernos muy elegantes por tratarse de una ocasión especial, una copa de champán, que puede servirse sola o con una fresa, una rebanada de manzana o de durazno sumergida en la copa.

Si se trata de una reunión de mujeres puedes ofrecer vino espumoso de durazno muy frío. Pregunta en cualquier tienda de vinos. Es rico y no es caro.

Como anfitriones debemos estar siempre pendientes de volver a servir a nuestros invitados cada vez que terminen su copa.

Por lo que toca a las botanas, sugiero que no demos mucha. Hay que ofrecer lo suficiente para entretener el hambre, pero no acabar con ella, para que al pasar a la mesa todos comamos con gusto.

Es mejor servir botanas ligeras hechas con champiñones marinados, jícamas, jocoque, aceitunas, salmón o un *mousse* de paté o de atún.

Como invitado, no nos saturemos de botana como si fuera el plato principal. Cuando sentimos hambre, todo lo que son pistaches, cacahuates, chicharrón, jamón serrano, salami, etcétera, nos parece delicioso y, sin darnos cuenta, entre plática y plática nos acabamos el platón. Hay que recordar que además de la botana se servirá la comida. Si pasan canapés y tenemos hambre, se ve mal ponernos tres en la servilleta y meternos otro a la boca. Es mejor que nos sirvamos uno a la vez y pedirle al mesero que pase seguido.

Después de que usemos los palillos, pongámoslos en nuestra servilleta o en un cenicero, jamás en el platón y no volvamos a usar los palillos. Si la cena es formal y se acabaron los palillos no tomes la aceituna con los dedos. Si estás con tus amigos y la anfitriona usa sus dedos, puedes hacer lo mismo.

Una vez que hayamos mordido la mitad de la zanahoria con *dip*, no la volvamos a introducir para tomar más.

LO BÁSICO

- La puntualidad es esencial.
- La felicidad de los invitados es nuestra responsabilidad.
- Si somos el invitado, llevemos un detalle al anfitrión.
- Si alguien se autoinvita, nosotros decidimos si puede quedarse o no.
- El anfitrión presenta a los invitados y debe hacer todo lo posible para que se integren.
- Saludemos con mano firme y mantengamos el contacto visual.
- Con sentido común sabremos si debemos saludar de beso o no.
- Es indispensable que nos aprendamos los nombres de los invitados.
- Los títulos sólo se usan en el ambiente de trabajo.
- Seamos medidos en las botanas que ofrecemos y en las que comemos.
- La botanas ligeras son mejores.
- Es divertido ofrecer distintos aperitivos.

A la mesa

uando la comida o cena esté lista simplemente invitemos a nuestros amigos a sentarse. No importa si interrumpimos la conversación, a final de cuentas, siempre van a estar hablando y, si no es así, entonces sí debemos preocuparnos.

A veces, la gente cree que no se debe pasar a la mesa justo después de que nos invitaron, lo correcto es hacerle caso a la anfitriona y evitar que ella lo repita. Hay muchos platillos que no pueden esperar, por ejemplo, un arroz que se vuelve engrudo si se enfría, una sopa de tortilla, en donde se deshacen las tiras fritas, un pescado, una carne que se seca en el horno, etcétera.

En una cena formal dejaremos nuestro vaso en la sala aunque no nos hayamos terminado la bebida. Si estamos entre amigos de confianza podemos llevarlo a la mesa.

Si somos los anfitriones pasamos primero para señalar el camino y decir a nuestros amigos dónde sentarse.

En este momento las copas de agua deben estar casi llenas, el pan colocado en el plato individual que va del lado izquierdo de cada lugar. las velas prendidas y si es posible atenuar la luz del comedor, mejor.

Si el primer plato que vamos a dar es frío, como una ensalada, *mousse* o paté, también puede estar ya servido.

CÓMO SENTARTE

Es muy práctico hacer un plan y apuntarlo en una hoja para no olvidarlo. El cómo nos acomodamos influirá en el desarrollo de la conversación en la mesa. A la anfitriona le toca asignar lugares. Cuando ella no piensa con anterioridad cómo sentar a los comensales, ocasiona que se queden parados un buen rato mientras deciden cómo sentarse. Sólo que sean nuestros amigos de confianza podemos decir "siéntense como quieran". Cuando la ocasión es formal, debemos poner una tarjeta frente a cada lugar con el nombre de la persona.

En general, los anfitriones se ponen uno frente al otro con el propósito de repartirse la atención que se le debe dar a los invitados. La anfitriona trata de estar cerca de la cocina. Si son dos mesas, cada anfitrión se sentará en una, siempre en posiciones clave para observar el movimiento y controlar la reunión.

Pensemos quién estaría bien que se sentara junto a tal o cual persona. Evitemos que se hagan grupitos que no participen de la plática general, o no reunamos a gente que se ve todo el tiempo. Agradecerán un cambio, para variar. Y no te preocupes por aquellos que temen estar lejos de sus amigos o simplemente les cuesta mucho entablar plática con un desconocido lo más probable es que finalmente se la pasen bien y acaben muy divertidos.

El invitado de honor se sienta a la derecha de la señora de la casa. Su esposa (en caso de tenerla) va a la derecha del anfitrión.

Lo ideal es alternar hombre y mujer.

Tratemos de sentar juntas a personas que tienen cosas en común o son solteras. Evitemos poner juntas a dos personas que sabemos que les gusta el micrófono o les gusta ser, a ambas, el centro de atención.

A los anfitriones nos toca estimular la plática para que todos participen y procurar que el reflector alumbre por igual. Para esto es muy bueno decir cosas como: "Toño, platícanos sobre ese proyecto tan interesante que estás desarrollando."

"Carla, tú que eres experta en _____ ¿qué opinas acerca de _____?"

"Jorge, cuéntanos cómo les fue en el viaje por los rápidos de Veracruz."

Recordemos que el hombre por hambre mata, y por reconocimiento muere.

Tarjetas con los nombres

Formales

Las tarjetas más elegantes están hechas de papel grueso, son blancas y muy discretas.

Existe una serie de "adornos" para colocarlas. Elijamos uno que vaya con nuestra mantelería o vajilla. Podemos colocar una pequeña tarjeta doblada, en el centro de cada lugar inmediatamente arriba del plato.

Escribamos los nombres con tinta negra, de manera legible. Si no tenemos buena letra, pidamos ayuda. Si hay dos personas que se llaman igual, pon los apellidos. Si la cena es muy formal y oficial, incluyamos los títulos de las personas. Se pueden rotular también por computadora.

Informales

Es válido darnos la libertad de hacer ciertas locuras con las tarjetas. Una amiga mía dio una cena de horóscopos y las tarjetas eran la carta astral de cada invitado. A todos nos pareció muy original y generó de entrada una conversación divertida. Se puede también hacer un dibujo que represente un *hobby* o una actividad que cada uno realiza, y es divertido encontrar cuál le corresponde a cada quien.

EN LA MESA

El tener buenas maneras y saber conducirnos apropiadamente en la mesa es muy importante en nuestra vida profesional y en la relación con los demás. A continuación te doy los puntos importantes a considerar.

- Antes de sentarse a la mesa, el hombre debe ayudar a la mujer y acercarle la silla. Una vez sentados, voltear con el de junto e iniciar la conversación.
- La postura que adoptemos es importante. Una vez escuché a una señora de Irapuato describir la postura perfecta al sentarnos: "Con un gato imaginario entre la silla y la espalda y otro entre el abdomen y la mesa." (Y debemos cuidar de no apachurrarlos).
- La servilleta se pone en las piernas, no atorada en la camisa.
- Hasta que la anfitriona empiece a comer, lo harán los demás comensales. Esto es importante que lo sepa la anfitriona, ya que me ha tocado que lo ignora y nadie empieza. En caso de que la anfitriona no esté en la mesa, la mujer mayor empieza. Si la mesa es de más de seis personas y ya se han servido tres o cuatro, se puede empezar a comer antes de que se sirvan todos, ya que la comida se enfría. Si eres hombre, invita a la mujer a que empiece antes que tú (cuestión de cortesía).

Cómo servir el menú

El papel del anfitrión

Antes de iniciar la comida, la anfitriona puede mencionar a los invitados el menú que preparó, como una información útil de cuánto servirse y en su caso, de qué comer por si hay algún alérgico a algo. Puede también dejar que cada plato sea una agradable sorpresa.

A las mujeres se les sirve primero y se comienza por la mayor. Si todos son de la misma edad y es difícil decidir, se puede iniciar por la mujer que está al lado izquierdo de la anfitriona. La última que se sirve de las mujeres es la señora de la casa.

Con los hombres es igual. De mayor a menor y el anfitrión al final.

Si estamos entre amigos, ellos pueden ayudarnos a servir. Es importante estar organizados de antemano. Una cosa es que alguien nos ayude, y otra es que todos se pongan a trabajar entre la cocina y el comedor.

Si contamos con personal de servicio, debemos ser muy prudentes en cómo los llamamos a la mesa. Lo ideal es que sea con un timbre discreto que sólo se escuche en la cocina, también puede ser por medio de una campanita de cristal. Lo que nunca debemos hacer es llamar a la persona con gritos. Es incómodo para todos.

Cuando no tenemos ayuda para servir, debemos organizarnos mucho mejor. Cocinemos un solo plato fuerte y una ensalada. Lo ideal en estos casos es invitar máximo a seis u ocho personas. Aquí se puede recurrir al servicio tipo "inglés" en el que la anfitriona tiene el platón de la comida sobre una mesita de apoyo a su lado. Ella sirve y los comensales pasan los platos.

Si contamos con una persona de ayuda, se pueden hacer dos cosas:

1. Podemos servir la comida en cada plato desde nuestro lugar y la persona que ayuda reparte los platos y sirve el vino.
2. La anfitriona puede pasar el platón a cada invitado y pedirle a un amigo que sirva el vino.

Si tenemos hijos jóvenes podemos pedirles que nos ayuden. La anfitriona marca la pauta en la mesa.

Ella pone la muestra de cómo comer ciertos alimentos. Por ejemplo, si la pierna de pollo o la fruta se comen con cubiertos o no, si la pizza se lleva a la boca directamente o se parte con cubiertos, etcétera.

Si al pasar por segunda vez el platón, sólo un invitado se volvió a servir, es aconsejable que la anfitriona se sirva también un poco para acompañarlo.

Si un invitado no come algo de su plato, seamos prudentes y no se lo hagamos notar al preguntar si no le gustó o, peor aún, ofreciéndole otra cosa. Tal vez no coma, porque es alérgico, comió tarde, está a dieta o simplemente no quiere.

Los platos se retiran de la mesa hasta que todos hayan acabado de comer. Antes de servir el postre, se recoge todo lo salado... Si uno de nuestros invitados es lento para comer, gocemos de la plática y no lo presionemos.

Si eres esa persona que come despacio, trata de apurarte si ves que todos ya terminaron.

Como invitado

Si como invitado tienes cualquier duda de tu actuación en la mesa, como qué tenedor tomar primero, ve a tu anfitrión. En Roma como los romanos. Aunque sepas que no se tienen que llevar los platos hasta que todos terminen, si el anfitrión decide hacerlo a medida que van acabando, participa de la misma manera.

Con los platos principales, debemos servirnos primero la carne y luego la verdura o lo que acompaña. Sirvámonos con moderación. Nunca falta quien se sirve la mitad del platón de espárragos cuando faltan por servirse seis personas más. No hay que suponer que hay más comida en la cocina.

En cuanto al personal de servicio, siempre expresa un discreto gracias cuando te sirva.

No tenemos que ayudar al mesero a recoger, servir o levantar los platos. Sólo en los casos en que le quede muy lejos algo. Así cooperamos a que desempeñen su trabajo con dignidad.

No dejemos al mesero esperando con el platón mientras platicamos. Si la anfitriona es la que nos sirve tratemos de comernos todo.

Si definitivamente no podemos, seamos muy amables al comentar que preferiríamos no comer ese platillo. O si nos sirven mucho y no lo podemos acabar, comentemos que todo está riquísimo, pero que somos de muy poco comer (demos algún pretexto amable).

Durante la cena, siempre tengamos un comentario sobre lo sabroso de la comida, del vino o lo lindo de la mesa.

Los cubiertos

- Los cubiertos, en caso de haber varios, se utilizan de afuera hacia adentro. Si tomas un cubierto equivocado, no te preocupes, es mejor no regresarlo a la mesa y seguir comiendo como si nada.
- Se puede optar por presentar todos los cubiertos que se van a utilizar a ambos lados del plato, o se pueden ir colocando por pares, según el platillo lo requiera. En este último caso se requiere de un mesero con experiencia y muy eficiente.
- Cuando tomemos la sopa, es mejor llenar la cuchara con un movimiento hacia fuera, no hacia nosotros. Llevarla a la boca

sin agacharnos y meterla por el frente o de lado, por supuesto sin sorber. No hay nada peor que nos toque junto a alguien que sorbe la sopa.

- Si nos encantó y queremos tomarnos hasta la última gota, es mejor levantar ligeramente el plato hacia el centro de la mesa, no hacia nosotros.
- Si nos sirven un consomé en taza, es perfectamente correcto tomar la taza de las dos asas y beberlo, después de haber comido con cuchara las pequeñas guarniciones.

- Si el mesero acerca un platón para que nos sirvamos traerá dos cubiertos de servicio: una cuchara y un tenedor grandes. Debemos tomar la cuchara con la mano derecha y ponerla debajo de la porción, y el tenedor por encima cerrando una pinza. Al terminar de servirnos, regresar la pinza cerrada al platón, con la cuchara por encima.

- Aunque no nos guste lo que se nos ofrece, es mejor servirnos aunque sea un poco, para que la anfitriona no lo note.
- El pescado debe comerse con tenedor y cuchillo especiales, que son diferentes a los de la carne. El tenedor de pescado es más ancho y corto. El cuchillo tiene corte diagonal en la punta, y es más chico y ancho. Sólo que el pescado sea muy blando, podemos utilizar únicamente el tenedor.

- Nunca hay que partirlo todo primero para después llevar los pedazos a la boca. Conforme se parte se come. En el caso del pan es lo mismo, se unta sólo el pedazo que nos vamos a comer.
- Es importante tomar los cubiertos de la parte de arriba, de manera que sea cómodo pero elegante. No se ve bien tomarlos muy cerca de lo que entra en contacto con la comida.
- Al llevar el bocado a la boca, no es adecuado hacerlo con el codo recargado en la mesa, como si fuera una palanca. Se ve poco elegante.

- Es mejor inclinarnos sobre el plato, cuando llevamos los cubiertos a la boca, para que, si gotea, no manchemos el mantel o la ropa.

- Mientras comemos, para marcar que estamos en proceso, y que no hemos terminado, nunca coloquemos los cubiertos en el plato a manera de remos marcando el este y el oeste.

- Es mejor cruzar las puntas ligeramente en la parte baja del plato. Cualquier buen mesero sabrá que es la señal para que no le recojan el plato.

- No es correcto limpiarnos la boca, o tomar agua, mientras que en la otra mano se sostiene un cubierto.

- Al platicar durante la comida, hay que tener cuidado de no gesticular exageradamente con los cubiertos en la mano. Puede verse muy amenazador apuntar con el cuchillo hacia otra persona. Los cubiertos no deben separarse del plato más de cinco centímetros.

- Si nos vamos a limpiar la boca, a platicar, o a comer un pedazo de pan, debemos descansar los cubiertos en cruz sobre el plato. El filo del cuchillo debe quedar hacia adentro.

• Para señalar al mesero que ya terminamos de comer, hay que colocar los dos cubiertos juntos en diagonal al plato. Mientras no los pongamos así, el mesero asume que no hemos terminado.

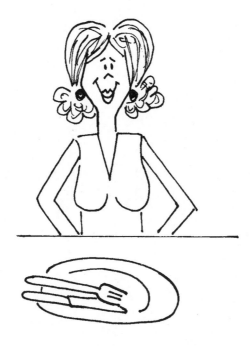

• Cuando comemos un pescado o carne que no necesitan partirse con cuchillo, se deja éste sobre el mantel, y utilizamos sólo el tenedor. Al terminar, pongamos juntos cuchillo y tenedor sobre el plato, para facilitarle al mesero recogerlos.

• Para partir el pan, usemos las manos, nunca el cuchillo. Si hay un cuchillo sobre el plato de pan es para untar la mantequilla con él.

• La ensalada se puede comer con cuchillo y tenedor en caso de que sea necesario o sólo con el tenedor. Cuando servimos ensalada de lechuga, es mejor presentarla en pedazos pequeños para facilitar su consumo.

Cubiertos para comer

Cucharas

1. Cuchara sopera.
2. Cuchara de consomé.
3. Cuchara de *buffet*.
4. Cuchara para helado.

5. Cuchara para toronja.
6. Cuchara de té.
7. Cuchara de café.

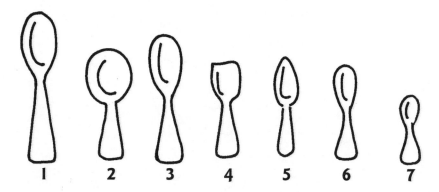

Tenedores

1. Tenedor de mesa.
2. Tenedor de pescado.
3. Tenedor de postre.
4. Tenedor para *buffet*.

Cuchillos

1. Cuchillo de mesa.
2. Cuchillo de *buffet*.
3. Pala de pescado.
4. Pinza para espárragos.

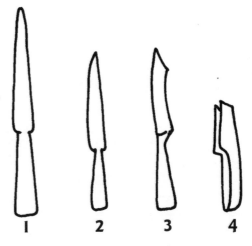

Cubiertos de servicio

1. Cuchara para servir.
2. Tenedor para servir.
3. Cuchara para servir ensalada.
4. Tenedor para servir ensalada.

5. Cucharón para salsa.
6. Tenedor para servir pescado.
7. Cucharón para sopa.

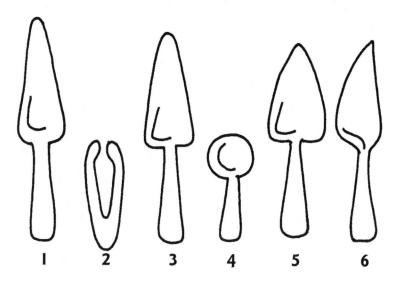

1. Pala para servir pescado.
2. Pinza para azúcar.
3. Pala para pastel.
4. Cucharón para crema.
5. Pala para servir helado.
6. Cuchillo para postres helados.

El postre

~ Antes de comer el postre se debe
retirar todo lo que sea salado de
la mesa, así como los platos base y
los cubiertos que no se usaron, menos la cucharita y tenedor de postre que estarán en la parte
superior del plato. En caso
de haber puesto los
cubiertos de acuerdo
con cada platillo, se
presenta el plato de
postre con la cucha-
rita y el tenedor.

- El postre se come con el tenedor en la mano izquierda, y la cucharita en la derecha. Se lleva a la boca la cuchara, el tenedor sólo sirve de apoyo. Es importante poner los cubiertos en este orden.
- Si es un pastel y sólo necesita el tenedor para partir y llevárselo a la boca, la cuchara se deja sobre el mantel.

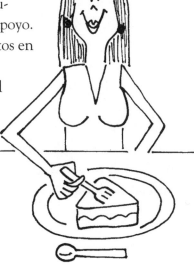

- Al terminar de comer se dejan ambos cubiertos sobre el plato en diagonal.

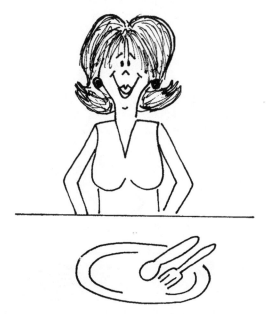

- Si te sirven fruta como postre, se debe acompañar el plato con el cuchillo y el tenedor especiales (son más chicos y angostos que los normales). Hay que pelar la fruta con los cubiertos (lo que es muy difícil), partirla y llevarla a la boca también con los cubiertos. Sólo que te den frutas pequeñas como cerezas o uvas se utilizan las manos.
- Si en la comida hubo algún platillo que requirió de meter los dedos, ya sea mariscos, una alcachofa o espárragos duritos, se debe poner al final un pequeño plato hondo con agua tibia y una rodaja de limón o un pétalo de flor para limpiarse los dedos. Con toda naturalidad se lavan los dedos y se limpian con la servilleta.

ALGUNAS RECOMENDACIONES DE MAMÁ

- Al comer procuremos tener los brazos cerca del cuerpo, no adoptar la posición de "manejar una moto".
- Cuando los cubiertos se llevan a la boca, se debe despegar el codo de la mesa, no usarlo como palanca. Sin embargo, se pueden poner sobre la mesa cuando no estemos comiendo.

- Evitemos dejar la cucharita del café o la de la sopa dentro del plato sopero o la taza. Éstas se recargan en el plato base. Esto facilita que no se le caigan al mesero al recoger todo.
- Hay que cortar pequeñas porciones de comida.
- Por supuesto, no hablar con la boca llena.
- Nunca se debe comer con el cuerpo echado hacia atrás, ni desparramarse en la silla.
- Si te levantas a media comida, es mejor no dejar la servilleta a la vista de todos, ya que quizá esté sucia. Mejor déjala sobre el asiento de tu silla.
- Cuando terminemos de comer, no empujemos el plato hacia fuera. Déjalo como está y espera a que el mesero lo recoja.
- Al levantarnos de la mesa, no olvidemos meter la silla.
- Sé natural, relájate y disfruta si algo te sale mal, no importa, ríete de la situación, que a todos nos ha pasado alguna vez.
- No debes beber para tragar el bocado que tienes en la boca.

• Nunca montar la comida sobre el tenedor con el cuchillo.

• Nunca sostener el tenedor de esta manera mientras se corta la carne.

• Cómo sostener el cuchillo y el tenedor.

• Descansar el cuchillo sobre la orilla del plato.

EL ESTILO EUROPEO Y EL ANGLOSAJÓN

Existen dos estilos de utilizar los cubiertos. Los dos son correctos.

El estilo anglosajón

Para partir los alimentos se toma el cuchillo con la mano derecha y el tenedor con la izquierda. Para llevarlo a la boca se cambia el tenedor a la mano derecha mientras que el cuchillo descansa sobre el lado superior del plato. Los europeos no lo consideran elegante ya que dicen que es mucho cambiar cubiertos y se vuelve una danza ridícula. Sin embargo, es correcta.

El estilo europeo

Con el cuchillo en la mano derecha y el tenedor en la izquierda se parten los alimentos y se lleva el tenedor con los dientes hacia abajo, directamente a la boca.

Cuando la carne es blanca o es un pescado, el cuchillo se toma como si fuera un lápiz entre el dedo índice y el pulgar. Así se parte y en la misma posición se descansa.

Cuando se trata de comer una guarnición, como arroz, chícharos o frijoles, se permite descansar el cuchillo sobre el plato, se cambia el tenedor a la derecha y con los picos hacia arriba se lleva a la boca.

Si te sirven una ensalada, un *omelette* o algo que no requiere del cuchillo, puedes utilizar sólo el tenedor con la mano derecha y dejar el cuchillo sobre el mantel. Cuando termines coloca los dos cubiertos paralelos sobre el plato para que al mesero se le facilite retirarlos.

Lo anterior es importante no sólo por reflejar educación, sino por mostrar respeto y hacerle la comida agradable a los demás.

Tarjetas con el menú

Si quieres ser muy elegante, pon una tarjeta con el menú por escrito. Esto formaliza notablemente la mesa y al mismo tiempo tranquiliza a los invitados que sabrán lo que van a comer. Sobre todo a los demasiado conscientes en su dieta. Ellos podrán administrar sus calorías, grasas y carbohidratos según los platos.

Las tarjetas de menú pueden ser escritas a máquina o a mano con tinta negra.

Las podemos recargar en las flores al centro de la mesa o doblar la hoja en dos, para que tenga dos vistas.

Es buena idea escribir la fecha y los platos en un orden vertical. No es necesario incluir los vinos.

EL VINO

El toque festivo de cualquier reunión suele darlo la presencia del vino.

Algunos consejos para apreciarlo mejor

- Almacénalo en un lugar fresco, obscuro y de temperatura constante. Si hay variaciones, el vino se puede torcer. Éste debe reposar acostado para que el líquido esté en contacto directo con el corcho y se hinche para evitar el paso del aire.
- Si la ocasión es elegante y amerita servir más de un vino en la mesa, usa una copa diferente para cada tipo.
- Es mejor servir primero los vinos secos antes que los dulces. Los ligeros antes que los de cuerpo. El blanco antes que el tinto.
- Si vas a tener una cena, calcula una botella por cada dos invitados. Sobre todo cuando sabemos que van nuestros amigos de confianza. Más vale que sobre.

- Si la reunión es menos formal puedes servir un solo vino que combine con el plato principal.
- Es conveniente destapar la botella una hora antes para que el vino se oxigene. Una vez abierta debe consumirse más o menos en 24 horas. La oxidación provoca que se deteriore rápidamente. Si quieres que se conserve dos días más, puedes pasarlo a una botella más chica y taparla con un tapón especial para sacar el aire o aprovecharlo para cocinar.
- Al anfitrión le toca probar primero el vino para asegurarse que esté en buen estado.
- Se debe servir tres cuartas partes de la copa. Nunca se llenan.
- Si el vino tiene residuos, se deja de servir poco antes de que se termine. Sólo los vinos muy jóvenes se sirven hasta el final.

Cuando se habla del vino, los conocedores utilizan los términos correctos para describir los mil detalles, cualidades o defectos que tiene el vino.

Les presento algunos adjetivos útiles para que no los "sorprendan":

Afrutado: vino con sabor a fruta.
Armónico: vino equilibrado.
Áspero: vino con mucho tanino, astringente.
Bouquet: cualidad aromática del vino.
Cuerpo: de poco color y baja graduación.
Maduro: vino envejecido.
Torcido o picado: vino avinagrado, agrio y generalmente turbio.
Redondo: vino equilibrado.
Robusto: vino fuerte y de constitución sólida.
Sedoso: vino suave, agradable y aterciopelado.

Cuando hables de un vino, utiliza estos términos pues además de ser lo correcto te dará un aire de conocedor.

Las uvas

No importa en qué país se origine el vino o qué marca sea, si conoces cuál es el efecto de las principales uvas con las que se elaboran tendrás una idea cercana de su sabor.

Te sugiero que casi te las aprendas de memoria ya que son las que se usan con más frecuencia.

Estos nombres son un ejemplo del tipo de uva con la que se realiza el vino y notarás que pueden encontrarse en varias regiones del mundo. De hecho, éste es el factor principal que determina el sabor, el estilo y el carácter de la bebida. Hay alrededor de cuatro mil variedades de uvas y la mayoría de los vinos se hacen combinando varios tipos.

Veremos las principales.

Vino blanco

Chardonnay

Quizá el tipo de uva con más aceptación en el mundo. El vino elaborado con esta uva es de sabor afrutado, con toques de barril de roble. Ideal para combinarlo con arroz, pastas y aves.

Sauvignon blanc

El vino que surge de esta uva es un vino fresco de excelente acidez con tonos de cítrico en su sabor. Combina muy bien con pescados, mariscos y verduras.

Riesling

La uva Riesling de Alemania es una de las mejores del mundo. Su sabor es dulce y de acidez balanceada. Acompaña muy bien pescados ligeros, lechón y fruta.

Vino blanco	Sabor	Combina con:
Chardonnay	Afrutado y floral, con toques de barril de roble.	Arroz, pastas y aves.
Sauvignon blanc	Fresco y de excelente acidez con tonos de cítricos en su sabor.	Pescados, mariscos y verduras.
Riesling	Dulce y de acidez balanceada.	Pescados ligeros, lechón y fruta.

Vino tinto

Cabernet Sauvignon

Es la más popular para elaborar vino tinto. Es una uva de color oscuro profundo y cáscara gruesa, lo que le da un alto grado de tanino (sustancia un poco amarga, seca, que deja un residuo en la boca; se obtiene de las semillas y de la cáscara). Los vinos elaborados con esta uva tendrán un aroma y un ligero sabor a mora, encino, tabaco y pimienta verde. La zona más importante donde se cultiva es en Burdeos, Francia. Acompaña muy bien la carne de res, cordero y pescados fuertes, como el atún.

Pinot noir

Es una uva delicada en su cultivo, de color medio, sabor ácido y bajo contenido de tanino. Los vinos elaborados con ella pueden tener un aroma y un toque de sabor a fresa, cereza y zarzamora. Es la única uva roja que se cultiva en Borgoña y California. Combina muy bien con quesos y pescados de alto contenido graso, como el salmón.

Merlot

Esta uva es parecida a la Cabernet Sauvignon, pero más ligera en tanino. El vino elaborado con ella tendrá un aroma y un dejo de sabor a ciruela, rosas, y especias (como el pastel de frutas). Vinos como St. Emilion y Pomerol, de la región de Burdeos, son los que más la utilizan. Acompaña muy bien las pastas con tomate o cremosas, y la carne de res.

Vino tinto	Sabor	Combina con:
Cabernet Sauvignon	Ligero sabor a mora, encino, tabaco y pimiento verde.	Carne de res, cordero y pescados fuertes, como el atún.
Pinot noir	Toque de sabor a fresas, cerezas y zarzamora.	Quesos y pescados de pescados de alto contenido graso como el salmón.
Merlot	Dejo de sabor a ciruela, rosas y especias.	Pastas con tomate o cremosas, y carne de res.

Si aprendes las características de las uvas más clásicas e importantes, de ahora en adelante te será más fácil escoger el vino.

EL CHAMPÁN

Si se trata de una ocasión muy especial, servir champán bien frío es la mejor forma de ritualizar el momento. Sírvelo en copa de flauta ya que la extendida hace que las burbujas se pierdan. Por cierto, se dice que esta última forma de copa, se tomó del molde del pecho de María Antonieta, reina de Francia.

¿Cómo se descubrió el champán?

Fue por accidente. En 1688 un monje llamado Dom Perignon que era ciego y vivía en la región de Champagne, Francia, tenía fama de ser un gran conocedor de todas la uvas, al grado que con sólo ponérsela entre los labios, distinguía la región, la edad y el color de la misma. Trabajaba en la elaboración de una bebida que al probarla por primera vez le hizo exclamar: ¡Estoy bebiendo las estrellas! Sólo que tenía un problema: al tapar la botella con lo que entonces se usaba, un trapo de lino cubierto de aceite de oliva o papel con cera, no podía mantener el aroma y las burbujas, que producía la fermentación de las uvas. Un día, un campesino le llevó al monasterio un corcho que sacó del árbol de alcornoque y entonces nació el champán.

Vino o champán según la ocasión… tú decides.

Dice un refrán: "El vino es la única obra de arte que se puede beber." Por su parte, Lord Byron escribió:

"Alegra al triste, reanima al viejo, inspira al joven y hace olvidar el cansancio al fatigado." Así que: "El que al mundo vino y no toma vino… ¿A qué vino?"

EL ARTE DE BRINDAR

El brindis es sinónimo de festejo, alegría y bienestar. En las ocasiones especiales, se espera escuchar algunas palabras dichas por el festejado o por quien ofrece la fiesta. Si te encuentras en uno de esos casos, te sugiero tener preparadas algunas palabras para que en su momento, antes de brindar, las digas.

Puede ser en los quince años de tu hija, cuando por fin se cerró el negocio, cuando acaba de nacer tu hijo o nieto, o simplemente para agradecer la presencia de todos. En fin... son los momentos de la vida para festejar. Hay que procurar celebrar los momentos felices ya que los otros vienen solos.

¿Qué decir?

Mete el espejito al corazón y expresa lo que sientes, lo que te significa la persona o el momento. No trates de hacer un discurso elaborado y pomposo, eso aburre y no comunica nada. Si hablas con emoción contagiarás a todos.

A veces nos sentimos un poco tímidos o no muy hábiles con las palabras, no les tengamos miedo.

Lo que resulta importante es estructurar mentalmente nuestro mensaje. Poco a poco iremos adquiriendo experiencia. Es muy difícil improvisar.

Lo tradicional es que el anfitrión o la anfitriona diga: "Salud, gracias por venir", o algunas palabras amables en el momento en que todos los presentes tengan sus copas servidas. Si somos invitados es mejor esperar a que el anfitrión haga el brindis, antes de que probemos el vino.

El brindis más formal se hace antes del postre, cuando todos tienen aún vino. La copa se levanta, podemos llamar la atención de los presentes y decir con entusiasmo lo que queremos a esa (s) persona (s) especial (es) de la mesa: a los novios en su pedida, a tu amiga por su nuevo trabajo, a tus amigos que te visitan de otra ciudad, etcétera.

Es importante ser breves y claros.

Una vez a Pablo y a mí nos tocó asistir a una cena donde el anfitrión le dedicó el brindis a una amiga en común, en el que contó una anécdota del viaje que realizaron con un gran ex amor de ella. La historia era divertida, pero el drama fue que en la cena ella estaba con su nuevo marido y el ambiente se podía cortar con tijera. Hay que tener cuidado.

Si nuestros anfitriones no hacen un brindis, nosotros como invitados podemos hacerlo, siempre y cuando iniciemos agradeciendo el delicioso momento que organizaron, para después ofrecer unas palabras al invitado de honor.

No importa que el brindis se haga con una copa de vino o de agua. También podemos brindar con cualquier vaso que se tenga, aunque esté vacío. La intención es lo que cuenta.

EL CAFÉ Y EL DIGESTIVO

El café y el digestivo se ofrecen después del postre. Se puede tomar en la mesa o en la sala. En México nos encanta la "sobremesa" y la gente prefiere quedarse ahí y seguir con la plática. Esto tiene dos desventajas: uno, que la silla del comedor no sea tan confortable como el sillón de la sala para estar más cómodos y tener cerca un "nuevo" vecino, procuremos que el ambiente no decaiga, que es el riesgo que se corre.

La charola con la cafetera, azúcar y tazas debe estar ya colocada en la mesa de la sala cuando los invitados pasen.

La anfitriona sirve el café y pregunta si quieren leche, azúcar o algún endulzante dietético. También el mesero lo puede servir si así lo prefiere. Es ideal tener galletas o chocolates para acompañarlo. Es el postre después del postre y refleja que se cuidó hasta el último detalle.

El digestivo se ofrece poco después del café. En caso de ser cognac se sirve en la copa especial, panzona y chaparra. El cognac, o grand marnier, se sirve a temperatura ambiente, nunca lleva hielos y es la única copa que se puede sostener entre los dedos y cubrirla por completo con la palma de la mano para entibiarlo.

Se puede ofrecer también un anís seco o dulce que se sirve en vaso chaparro o copa cognaquera y hielo. También un Bailey's, licor de menta o un jerez dulce. Hay personas que prefieren continuar con el whiskey del principio, lo que es correcto. Lo que resulta inadecuado es servir en este momento bebidas como tequila, jerez seco, vermouth, etcétera, que se consideran aperitivos.

EN RESUMEN

- Utilizar los cubiertos de afuera hacia adentro y, de preferencia, en partes.
- Servirse un poco de todos los platos, aunque no se tenga hambre o no nos guste.
- Tomar pequeños tragos de agua en la mesa y limpiarnos la boca antes de hacerlo.
- Hacer todo lo que marque la anfitriona, como comer espárragos o las patas de pollo con las manos o los cubiertos.
- Partir el pan con la mano, no con un cuchillo y untar sólo el pedazo que se va a comer.
- Hay que recoger los platos hasta que todos hayan terminado.
- No nos pongamos la servilleta en el cuello.
- No debemos sorber la sopa.
- Inclinar el plato sopero hacia el centro de la mesa para acabar la sopa.

- No limpiar el plato con pan aunque esté muy buena la salsa.
- No salar la comida antes de probarla.
- No poner los codos en la mesa.
- No tomar de "hidalgo" (de un solo trago) nada.
- Cuando acabes de comer no muevas tu plato de lugar.
- No cortar la pasta. Usa cuchara de apoyo en la mano izquierda, sólo si la anfitriona lo hace.
- Si hay alguien lento, no lo presiones.
- Nunca gritar a la persona de servicio, es mejor usar una campana o un timbre silencioso, especial para comedor.
- Meter pequeños bocados a la boca.
- No chupar el esqueleto de los crustáceos.
- Uno nunca se maquilla, se peina o se mira en el espejo en la mesa, eso se hace en el tocador.
- No se usa el palillo de dientes. Si algo nos molesta mucho, es mejor ir al baño.

El fumador

El cigarro es el tipo de placer perfecto.
Es exquisito y te deja insatisfecho.
¿Qué más se puede querer?

OSCAR WILDE

MANUAL DEL FUMADOR CORTÉS

*A*unque sé que si eres de los que fumas, este capítulo te caerá mal de entrada, te sugiero que le eches un ojo, para que no seas quien le caiga mal a los demás.

Disfrutas muchísimo tu cigarro; sin embargo, debes estar consciente de que el humo puede ser muy molesto para quien no fuma. Por eso te sugiero lo siguiente:

Por cortesía, pregúntale a los que están a tu alrededor si puedes fumar, a tu amigo en un restaurante, a la anfitriona en una cena en la que eres invitado, a los comensales en tu propia casa. Hay que ser especialmente considerados en los lugares reducidos y, de ser posible, evitarlos. Me refiero especialmente a los departamentos pequeños.

Si inesperadamente te contestan "sí, me molesta", no te ofendas, piensa que has tenido la oportunidad de agradar a tu acompañante y la persona se sentirá en deuda contigo. Sal rapidísimo a fumar tu cigarro y regresa después con la persona que seguramente te estará esperando muy amable.

La tolerancia hacia el cigarro cambia mucho entre una cultura y otra, en lugares como Estados Unidos y Canadá no se permite fumar en la mayoría de los sitios, la calle es el único lugar donde puedes hacerlo. Ahí vemos afuera de los grandes edificios al grupito de personas que salen a fumar su cigarro, ya sea bajo un calor de 40 grados o a dos grados bajo cero. Por el contrario, en muchos países europeos sucede lo opuesto, son grandes fumadores y lo permiten en todos lados.

Algunos detalles importantes

- Antes de fumar ofrece cigarros a los demás. No seas de esos que sacan su cigarro de dentro de la bolsa del saco.
- Compra tus propios cigarros. Si de vez en cuando no tienes, se entiende, pero no hay que ser de esos que lo único que llevan para fumar es la boca y la mano, pues a esas personas, los fumadores les huyen nada más de verlos. No te hagas esa fama.
- Una mujer puede ofrecer un cigarro a un hombre y pasarle el encendedor para que él sea quien lo prenda. Se vería muy mal que la mujer lo hiciera.
- Exhala el humo al lado opuesto de las caras de tus acompañantes. Te lo van a agradecer.
- Cuando termines de fumar apaga muy bien el cigarro, el olor de una colilla mal apagada es horrible.
- Cuida tus cenizas. No las tires en el plato, la taza, la planta y, mucho menos, en el suelo. Busca un cenicero.
- En la mesa, aunque ya no aguantes más el antojo, no fumes hasta que llegues al postre. Lo mejor es hasta el café; y no olvides que

si todavía queda alguien comiendo, deberás esperar a que termine para comenzar a fumar.

El puro

Si eres el anfitrión y sacas un puro tienes que ofrecerle a tus invitados. Si no tienes suficientes, mejor no saques nada. En caso de que seas el invitado en una reunión, está bien que saques tu único puro y te lo fumes. No lo ofrezcas, puede suceder que esa persona piense que tienes más y luego se sienta fatal por haberte quitado tu único puro y tú te quedes frustrado. En el peor de los casos, pártelo en dos.

Los no fumadores

Quienes no somos fumadores debemos recordar que el cigarro es una adicción difícil de controlar, y de dejar. Mark Twain decía que era muy fácil dejar de fumar ya que él lo había hecho miles de veces.

Si eres un ex fumador, no te conviertas en la pesadilla de los fumadores. Recuerda tus viejos tiempos.

Si el fumador trata de ser cortés, sé tolerante y amable. La cortesía es también comprender y aceptar al otro. Es ceder y convivir en armonía.

Fumar sin incomodar es fundamental

- Solicita la autorización de quienes te rodean.
- Ofrece cigarrillos antes de comenzar a fumar.
- Compra tus propios cigarros.
- En la mesa es mejor esperarse al café.
- Exhala el humo al lado opuesto de tus acompañantes.
- Cuida tus cenizas.

Coctel

En mis amigos están mis riquezas.

SHAKESPEARE

*U*n coctel es relativamente fácil de organizar y la manera perfecta para invitar a un buen número de personas.

Los cocteles son activos, divertidos. Se puede platicar con muchas personas, moverse de un lado a otro, ir de conversación en conversación. Hacer nuevas relaciones.

Podemos invitar por escrito o por teléfono. Si lo hacemos por escrito, la invitación deberá enviarse por lo menos con dos semanas de anticipación. En la tarjeta hay que especificar que se trata de un coctel para que no se piense que es una cena.

Los cocteles son de esas ocasiones en las que podemos pedir permiso para llevar a un amigo, pues no causa ningún problema.

En otros países del mundo los cocteles duran entre dos y tres horas. En México no es así. Aquí pueden prolongarse hasta seis horas, por lo que hay que tener suficientes canapés para que los invitados no se mueran de hambre. Estos cocteles funcionan muy bien en nuestra casa o en lugares rentados. Los cocteles de trabajo tienden a ser más cortos y, por lo general, se va a cenar después.

Los organizados por empresas son ideales para presentar un producto o servicio y para consentir a los clientes. Cualquiera que sea el caso, la colocación de la bebida, de los bocadillos y los muebles juegan un papel estratégico.

Si pensamos recibir a muchas personas, es mejor tener dos bares con todo lo necesario. Si se puede uno en cada extremo del lugar, mejor. Estos bares contarán con todo: bebidas alcohólicas, refrescos, vasos, copas, servilletas y hielo. Esto, independientemente de que haya o no meseros y de cuántos sean.

En los cocteles a veces nos olvidamos de las personas que no les gusta tomar alcohol, ni refresco. Para ellos es bueno tener jugos, agua fresca o simple.

LOS BOCADILLOS

Por supuesto, los bocadillos deben ser ricos, bien presentados y variados; pues la variedad es tan importante como la calidad. Es horrible que nos pasen un pedazo de pan blanco con algo encima, dan ganas de salir huyendo a buscar unos tacos. Hoy en día, hay empresas que sirven unos canapés sensacionales por su decoración y sabor. Tengamos cuidado de preparar casi al momento aquellos que se pueden hacer blandos como el pan.

Los bocadillos mexicanos también son muy ricos, aunque muy engordadores. Y las señoras siempre estamos a dieta.

No importa lo que elijamos, tomemos en cuenta que los bocadillos sean fáciles de comer. No los compliquemos mucho con salsas o con cosas que tengamos que cortar, ¡es muy incómodo! Pensemos que casi siempre traemos un vaso o una copa en la mano.

Tampoco hay que olvidar tomar una servilleta con cada canapé para mantener las manos limpias.

LA DISTRIBUCIÓN

Si el coctel es en nuestra casa, organicemos los muebles de tal manera que la gente pueda moverse y mezclarse con facilidad. Algo que todos agradecemos enormemente es tener un lugar en donde sentarnos. Así que coloquemos el mayor número de sillas posible. Muy importante también es no dejar todos los bocadillos o canapés en una sola mesa en el centro, pues esto acaba con la conversación. El hambre y el antojo por lo general pueden más que cualquier otra cosa.

Si contamos con meseros hay que pedirles que ofrezcan bocadillos y bebidas constantemente. Si no contamos con ayuda, es mejor colocar los platones estratégicamente por todos lados.

ILUMINACIÓN

La iluminación es importantísima. Es muy agradable llegar a una casa que está toda iluminada. Da la sensación de festejo y de que se nos espera con gusto. Dentro de la casa, la luz cálida de las lámparas es la mejor. Jamás iluminemos con luz neón, es de almacén, y es lo menos favorecedor para las mujeres. Nos vemos verdes y arrugadas.

Las velas en estos casos funcionan de maravilla. Dan a la sala una atmósfera de calidez inigualable.

Las flores son otro elemento que no puede faltar.

Si somos anfitriones, estemos pendientes de recibir a todos los invitados y presentarlos con los demás llevándolos por el salón. Como invitados también nos toca presentar a los que llegan e integrarlos.

LO QUE DEBEMOS EVITAR EN UN COCTEL

- Hablar con alguien y al mismo tiempo buscar con la mirada quién llega, quién se va, sin prestar absoluta atención al interlocutor.
- Monopolizar a alguien importante o a los bocadillos.
- Aprisionar a alguien en una interminable conversación.
- Tirar la ceniza en el piso o en un vaso.
- Tomar varios bocadillos a la vez.
- Fumar, comer y beber al mismo tiempo.
- Voltear a ver el reloj cuando conversamos con alguien. Si puedes, ve discretamente el del otro.
- Nunca dejemos a un invitado recién llegado en un grupo si no se ha incorporado a la conversación. Los invitados no sólo necesitan una bebida y un canapé, sino atención para pasársela bien.
- Si sabemos que vamos a saludar, es mejor que sostengamos la bebida con la mano izquierda para no saludar con una mano congelada y mojada.

DE COCTEL A COCTEL

Si la invitación dice "coctel" o "formal" implica que los hombres deben ir de traje negro u oscuro y camisa blanca; y las mujeres con un vestido de noche que puede ser corto o un traje de falda larga, o de pantalón. En este caso las telas pueden ser bordadas, vaporosas, de encaje, de crepé, *shantung*, *moré*, etcétera.

Es una buena ocasión para sacar los accesorios que tenemos guardados y nunca nos ponemos.

Sin embargo, si se trata de un coctel en una galería, es la presentación de un libro o asistirán a un concierto, usemos un vestido o traje sastre oscuro, sencillo, con joyería muy discreta. Es diferente.

Mujeres. Lo que se lleva en un coctel formal

- Algunas telas apropiadas son el *jersey* de lana, crepé, seda, raso, *shantung*, gasa, *lamé*, hilo entretejido, etcétera.
- Usemos vestidos de coctel de acuerdo con nuestra figura. Recordemos que la moda es pasajera.
- Un vestido oscuro y sencillo. En verano un vestido de tirantitos.
- Vestido o traje sastre muy elegante (quizá con botones de pedrería).
- El vestido debe combinar con las medias y con los zapatos y ser congruente con el clima, o todo de frío o todo de calor.
- Medias de textura suave, delgadas de color negro o transparente, o sin medias en verano.
- Zapatillas de raso, de tela, de charol o de satín. En verano sandalias sin medias.
- Bolsa pequeña y de tela forrada. Puede ser una pieza antigua. Bolsa plateada, dorada, de pedrería.
- Máximo tres accesorios, sólo uno como foco de atención: los aretes, una gargantilla, una pulsera, un prendedor o un cinturón.
- Una chalina de gasa para el verano y un chal de lana para el invierno.
- Perlas, siempre y a todo el mundo se le ven bien.
- El peinado un poco más formal que el de costumbre.

Lo que no se lleva

- Lino de noche en la ciudad. Sólo en época de calor se considera formal.

- Ir sobrevestida; es decir, llevar vestidos demasiado elegantes para la ocasión.
- Combinar joyería con bisutería o revolver estilos: plata con perlas, bisutería moderna con un prendedor de oro, uno antiguo con una pieza estilo contemporáneo, a menos que tu intención sea un *look* bohemio.
- Poner a competir arete grande con gargantilla grande. Decidamos qué punto vamos a acentuar.
- Sombrero.
- Mascadas, sólo que sea metálica o de la misma tela del vestido.
- Pieles de pelo de animal en el verano, aunque tengas una boda muy elegante.

Hombres. Lo que se lleva en un coctel formal

- Traje completo negro con zapatos de agujeta o de empeine alto.
- Cambiarse de camisa. Debe ser blanca y de preferencia de mancuernas sencillas y de materiales finos.
- Rasurarse (nuevamente) y ponerse loción.
- Cinturón de piel lisa y oscuro, de hebilla fina y sencilla.
- Calcetines delgados, oscuros y sin dibujos.
- Corbatas de seda.

Lo que no se lleva

- Combinación de saco diferente al pantalón.
- Traje claro.
- Corbatas de poliéster.
- Cadenas, esclavas.
- Calcetines de lana.
- Trajes de materiales brillantes.

- Usar *pins* a menos que sea una reunión de los miembros de un club.
- Celulares, radiolocalizadores, etcétera. Si tiene que estar localizable pórtelo discretamente.

Vestir para la cena

Mujeres. Cenas informales

- Si vamos a casa de amigos a una cena informal, hay que ir un poco más arregladas de lo normal.
- No ir con ropa arrugada que se usó todo el día.
- Ya sea que la cena sea en la casa de quien nos invita o en un restaurante, un vestido negro siempre se verá bien. Sólo hay que cuidar que el diseño no sea tipo "discoteque", muy escotado o muy corto, y que la tela no sea de gran gala, como con encajes, bordados en pedrería, transparencias, etcétera.
- Los accesorios pueden ser un poco más importantes, aunque no hay que exagerar. Las perlas siempre se verán bien. Acuérdate que si usas medias que sean delgadas, zapatos de tacón medio o alto y bolsa de piel pequeña de noche.

Hombres. Cenas informales

- Traje oscuro siempre. No vayas a la cena con el mismo traje beige o gris claro del día. Es mejor que te cambies.
- La camisa debe ser blanca, no de rayitas, ni de cuadritos ni de colores. Las de mancuernas hacen que un hombre luzca muy elegante.
- La corbata que por favor sea de seda, con dibujos clásicos o lisa con textura. También puede ser de regimiento (de rayas diagonales).

- Quítate el saco y ponte un suéter o chamarra.
- No mezclar el pantalón de algodón con las camisas de vestir.

EN RESUMEN

- Podemos invitar por escrito o por teléfono.
- Los cocteles son ideales para invitar a mucha gente. Son más fáciles de organizar.
- Quien invita es responsable de recibir a todos los invitados y de facilitar que sus huéspedes se integren.
- Ofrezcamos canapés variados, fáciles de comer, ricos y atractivos. Incluyamos bebidas con alcohol, sin alcohol, jugos y refrescos comunes y dietéticos.
- Estemos seguros de que haya ceniceros por todas partes.
- La colocación de los bocadillos y la bebida debe ser estratégica.

La música

La música es el lenguaje de los ángeles.

CARLYLE

*L*a música crea ambiente, humor, atmósfera. Hace que la gente se sienta a gusto, relajada, cómoda, alegre y divertida. Si nosotros vamos a seleccionar la música debemos tomar en cuenta la edad de los invitados.

Si decidimos contratar a un grupo musical, ya sea un trío o un cantante, es mejor conocerlos con antelación para evitarnos sorpresas desagradables.

También hay que fijar la hora de llegada y una posible hora de salida, el precio y el tipo de vestuario que utilizarán.

Seamos muy amables y considerados con los músicos: asegurémonos de que tengan agua y refrescos y un espacio donde puedan descansar.

Algunos músicos me han contado historias de terror sobre el trato que han recibido de gente muy importante. Hay personas que no se preocupan por su comida ni por darles una silla o dejarlos ir al baño.

La buena educación implica consideración y respeto por los demás.

Si somos invitados no hay que acaparar a los cantantes ni pedir solamente nuestras canciones. Tampoco quitarles el micrófono o sus instrumentos, a menos que sea oportuno o toquemos y cantemos mil veces mejor que ellos.

Si sabemos que algún invitado canta muy bien, podemos pedirle que lo haga. La participación activa de los invitados anima mucho una reunión. Si eres la persona de buena voz participa con gusto y no te hagas del rogar. Canta una o dos canciones, pero no te apoderes del micrófono.

Pero si eres como yo, que no canta bien, por favor no lo hagas. Es horrible para todos escuchar a un desentonado. Hay quienes juran que tienen buena voz y es un tormento para los oídos de los demás. ¿Qué nadie les dirá lo mal que se oyen?

Los músicos, especialmente en México, siempre esperan una propina. Es cierto que algunos de nuestros invitados la darán espontáneamente, pero si somos los anfitriones y nos gustó su trabajo, nos toca a nosotros recompensarlos económicamente y felicitarlos por su trabajo.

EN RESUMEN

- La música hace la fiesta.
- Los músicos deben saber qué esperamos de ellos.
- Fijemos la hora de llegada y la posible hora de salida.
- Lleguemos a un acuerdo en el precio.
- Acondicionemos un lugar para que los músicos descansen y coman.
- No nos hagamos del rogar ni nos apoderemos del micrófono.
- Démosles una propina a los músicos si nos agradó su trabajo.

¿Qué dice nuestro cuerpo?

ᥱᖰ

El amor, la comezón y la tos no se pueden esconder.

THOMAS FULLER

*N*uestra apariencia física y postura son importantes en la relación con los demás, ya que generan una imagen que queda grabada. Por eso procuremos portar nuestro cuerpo siempre con orgullo. Cuando estemos de pie, hay que contraer el estómago y estirar unas ligas imaginarias que tenemos en la cintura y conectan el torso con la cadera. Esto, que es tan sencillo de hacer, nos hace ver más delgados y altos. Los hombres nunca deben meter las dos manos en las bolsas del pantalón. Les quita presencia y se ven inseguros.

Cuando estemos sentados en un sillón no nos "desparramemos" en él. Esta actitud da muy mala impresión. Una persona bien sentada hace notar su personalidad y proyecta seguridad en sí misma.

Las mujeres tenemos que cuidar que la falda no quede muy arriba al cruzar la pierna y al levantarnos de un sillón.

Al saludar a una persona, es importante que la veamos a los ojos.

Hay que procurar no traer un cigarro en la boca al decir "mucho gusto" y demos la mano de manera firme, pero sin apretar demasiado.

En la forma de pararnos, de caminar, de sentarnos, de saludar manifestamos la imagen que tenemos de nosotros mismos. Es importante, entonces, transmitir con nuestro cuerpo el mensaje de que somos importantes, aunque no hay que confundir "importante" con "engreído".

LA RISA

Es cierto que pocas cosas en la vida son más placenteras que reírnos; es la forma más rápida de acercarnos a las personas. Sin embargo, hay de risas a risas. La carcajada muy ruidosa es deliciosa pero hay que estar conscientes de que pude ser una invasión auditiva para otros, sobre todo en un restaurante o lugar público.

Como todo sonido hay que controlarlo, hay quienes sueltan la carcajada por cualquier tontería, incluso la fuerzan para hacerse notar.

Es claro que hasta la risa puede llegar a ser molesta. Hay una risa que es desagradable: la irónica, la burlona. Es muy fácil herir con ella. Cuando nos topamos con alguien que se ríe así, no sabemos si se ríe con nosotros o de nosotros.

La risa es un regalo para el otro, por eso debe ser franca, natural y generosa. Si nos tomamos muy en serio la vida, nos perdemos de algo muy sano y necesario.

LADRONES DE CARISMA

A veces estamos frente a una persona muy simpática, muy bien vestida, muy carismática, que, de repente, por algún detalle, automáticamente pierde ese magnetismo, o al menos disminuye. Ese detalle puede ser cualquiera de los siguientes ejemplos:

- ¿Qué pasaría si estuviéramos sentados a la mesa con una persona que suelta un fuerte estornudo sin taparse la boca? Y para terminar el cuadro, se suena estruendosamente y, al acabar la ruidosa operación, ¡se asoma al interior del pañuelo, antes de guardarlo! El apetito por comernos la sopa recién salpicada desaparecería. El estornudo es inesperado y el sonarse necesario, pero se puede hacer con naturalidad y discreción.
- Una buena carcajada, como vimos, es deliciosa, pero, ¿qué tal cuando la persona se ríe escandalosamente por todo? Cualquier mínimo detalle le provoca risa y cada vez que lo hace le vemos hasta la campanilla. Uno se descontrola y piensa "si no estuvo tan gracioso..." Da la idea de poca inteligencia, o de que lo hacen para captar la atención. Si esta persona nos toca en la mesa de junto en un restaurante es molesto porque no nos deja platicar.
- Pocas cosas son tan desagradables como que en la mesa alguien hable con la boca llena, escupa al hablar, sorba la sopa, el agua, o lo que se le ocurra. También hay quien sin tomar nada sorbe por la nariz, como para aclarar la garganta. Lo peor es que se vuelve un hábito del que no se dan cuenta.
- Qué incómodo es platicar con una persona a la que le vemos una hierbita o el típico "frijolazo" en un diente. A todos nos ha pasado y creo que agradecemos que nos lo digan. Lo difícil es cómo decirlo, no obstante siempre será bien recibido que lo hagamos con toda la naturalidad del caso y sin darle importancia. Cuando nuestros dientes son los decorados, no hay que limpiarlos en público, por más que estemos en confianza, o por más que pensemos que nadie verá. Seguro que voltearán en el momento preciso y te sentirás pésimo. Es mejor hacerlo en el baño.

- Todos los detalles que tienen que ver con la higiene personal son verdaderos ladrones de carisma, como: lagañas en los ojos, caspa en el pelo, la nariz sucia, puntos negros, barros en la cara, pelos en las orejas, en la nariz, mal aliento, uñas sucias, o, como dicen los chavos, descubrirle en la muñeca el sello del antro del día anterior. ¡Hay que tallarle!

- Pocas situaciones apenan más a un hombre que descubrirse con el cierre del pantalón abajo. Entre hombres es fácil decirlo; sin embargo, si una mujer es quien lo nota, debe decírselo también, nos lo agradecerá. Es preferible quitarnos el pendiente y la distracción. De todas formas sentirá pena cuando lo descubra.

- Hay quienes al hablar usan con exagerada frecuencia alguna muletilla como: "¿si?," "mmmhh," "¿no?", "es decir", al grado que desesperan. Uno piensa "...otro de éstos y huyo de aquí." Por lo general es un hábito inconsciente que tienen y si hay confianza, debemos decírselos.

- Hay ocasiones en las que sentimos una picazón espantosa en alguna parte del cuerpo que nos exige rascarnos con fuerza. Lo malo es que la comezón, lejos de calmarse, aumenta. Para quienes están con nosotros ver cómo nos rascamos puede ser muy desagradable, sobre todo si se trata de rascarnos los oídos, la cabeza, la nariz. Esto empeora si nos rascamos con la mano derecha, misma con la que nos vamos a despedir.

- Los "tics" son otro factor que roba carisma. Hay algunos que no se controlan sin ayuda médica. Si nos toca alguien enfrente con uno hay que actuar como si nada ocurriera. Si nos quedamos viéndolo con cara de ¿qué te pasa? sólo lograremos ponerlo más nervioso.

- ¡Qué ansias dan cuando a alguien se le hace "babita de pollo" al hablar, y se le ponen blancas las comisuras! Si eres de ésos, no olvides jamás tener un pañuelo a la mano, es imprescindible, mismo que después de usarlo, no debe quedar a la vista de nadie, ni guardarse bajo la manga.

- Masticar chicle a nadie le va bien, en ninguna circunstancia y de ningún modo.
- Las mujeres debemos cuidar varios detalles que pueden apagar cualquier chispa de encanto. Por ejemplo: tener bigote, alguna barba distraída, uñas escarapeladas, el tirante del brasiere salido, que se note la tobimedia, traer la media corrida, las axilas o piernas sin depilar o que juguemos a meter y sacar el talón del zapato. ¡Evitémoslo!
- Cuando más tranquilos queremos vernos, más nerviosos estamos. Por lo tanto, la frente se perla con sudor, las manos transpiran y la mancha húmeda debajo del brazo empieza a aparecer. Nada de esto es agradable a la vista. Si esto ocurre con frecuencia debemos prevenirlo aplicando carbonato en las manos, tomando Pasiflorine o usando un buen antitranspirante. Sin embargo, si ya nos ocurrió y no hicimos nada de lo anterior, levantémonos, vayamos al baño y démonos una refrescada. Esto será suficiente.
- Muchas veces es imposible controlar el bostezo. Sólo tengamos cuidado de taparnos la boca y hagámoslo en silencio. Es mejor si lo puede disimular, aunque se le llenen los ojos de lágrimas (ni modo).
- Es horrible cuando nos da hipo y no lo podemos controlar. Dicen que se quita si bebemos un poco de agua o si aguantamos la respiración. Lo mejor es ignorarlo hasta que pase.
- Aunque nos estemos muriendo de cansancio tratemos de no estirarnos en público. Hay quienes parecen y se oyen como unos verdaderos tigres.
- Suspirar en forma exagerada tampoco es muy cortés para con quien estamos, ya que pareciera que estamos aburridos o desearíamos estar con alguien más.

- Las manías aparecen cuando estamos preocupados: morderse las uñas, tamborilear los dedos, mover insistentemente la pierna, jugar con las llaves, con el anillo, con la pluma, etcétera. Todo esto pone nerviosos a los demás y el hacerlo no nos tranquiliza.
- Cuando una persona habla, habla y habla sin descanso, no resulta agradable para nadie.
- Hay a quienes les queda decir groserías. Por alguna extraña razón, se les oyen simpáticas y no ofenden, pero esto no le sucede a todos. Se necesita tener gracia para que no se oigan vulgares. Ahora que hay un momento para todo. Se debe tener la sensibilidad de saber cómo, cuándo, dónde y con quién decirlas, no importa si creemos que nos quedan bien.

Como dijo Benjamín Franklin:
"¿Quién es sabio?: el que aprende de todos.
¿Quién es poderoso?: el que gobierna sus pasiones.
¿Quién es rico?: el que está contento.
¿Quién es así?: nadie."

LOS GESTOS

Uno de los lenguajes más elocuentes es precisamente aquel que no requiere palabras y que logra que nos comuniquemos claramente, el de los gestos. En una conversación hay que tener cuidado de no exagerar o mover mucho las manos, pues puede tomarse como nerviosismo o, peor aún, como pobreza de lenguaje.

CONTACTO FÍSICO

A los latinos nos gusta el contacto físico, la cercanía de las personas; sin embargo hay que dosificarlo con personas que no son muy cercanas a nosotros ya que pueden interpretarnos mal. No demos palmadas o golpes "amistosos" a las personas con las que platicamos; evitemos señalar con el dedo índice a una persona y menos si no puede escuchar lo que decimos; sentirá que hablamos mal de ella.

Respetemos el espacio vital del otro; por lo menos se debe dejar un brazo de distancia. Incluyamos con la mirada a todas las personas que escuchen nuestra conversación. La atención que les prestemos es muy importante y la debemos expresar con todo el cuerpo.

EN RESUMEN

- Nuestra apariencia física genera una imagen que queda grabada.
- Controlemos nuestra risa y que ésta sea franca y natural.
- Evitemos los ladrones del carisma: "tics", estribillos, falta de higiene, etcétera.
- Cuidemos de no exagerar nuestros gestos y ademanes.
- Respetemos el espacio vital de los demás.

"Escuchando se entiende la gente"

Cuando hablas repites lo que ya sabes.
Cuando escuchas, aprendes algo.

JARED SPARK

EL USTED Y EL TÚ

*E*n algunos estados de la República y en ciertos círculos sociales se solía hablar de "usted" entre amigos, familiares, esposos e hijos. Sobre todo en público. Luego, el tú comenzó a usarse cuando existía una relación de mucho tiempo, aunque jamás entre desconocidos. El usted marcaba no sólo respeto, sino que imponía una distancia jerárquica, como en la relación de profesores y alumnos o, a veces, entre padres e hijos.

Hoy el tú es cada vez más común, en casi cualquier circunstancia; sin embargo, hay gente que se ofende si desconocidos le hablan de tú y esto hay que respetarlo. Hay también los que nos ofendemos si nos hablan de usted, sobre todo los jóvenes, ¡nos hacen sentir viejos! El tú borra de alguna manera las barreras que dificultan la comunicación; se utiliza entre personas semejantes en edad, en profesión, en nivel socioeconómico o como un signo de pertenencia. En cualquier reunión de amigos uno utiliza siempre el tú como signo de empatía.

El usted se sigue utilizando con personas mayores, con los doctores y con personas religiosas. Muchas suegras y suegros todavía permiten o exigen que se les hable de usted. Esto crea una distancia que aleja a las nueras o los yernos. Al carnicero, al taxista, al plomero, les hablamos de usted. Es común que nos dirijamos a ellos por su nombre de pila, pero sin olvidar el usted. Es una manera de mostrar respeto y de alguna manera pedirlo.

Cuando dudemos de cómo referirnos a alguien, es mejor iniciar de usted y esperar a que la persona nos invite a hablarle de tú.

Si una persona adulta le pide a un joven que le hable de tú, hay que hacerlo aunque al principio cueste trabajo. De otra manera el adulto pude sentirse incómodo por alguna razón.

LA VOZ

Cuántas veces hemos escuchado la frase: "No es lo que se dice sino cómo se dice", que encierra una gran verdad. Cuando escuchamos a una persona hablar, en realidad recibimos dos mensajes: por un lado está lo que dicen sus palabras: por otro, lo que dice su tono de voz. Cuando los dos mensajes son congruentes lo dicho adquiere congruencia. Miles de veces le preguntamos a una persona "¿Cómo estás?", "¿qué te pasa?" y nos contesta "bien…" o "nada…" y por el tono detectamos que en realidad no está bien y que le sucede algo.

Por la voz podemos atraer a las personas o provocar que nos rechacen. La gente nos escuchará si con la voz logramos cautivarla.

Si afinamos nuestro oído a lo que el tono, el volumen, la cadencia nos dicen, encontraremos la verdadera esencia de lo que una persona desea comunicar. Muchas veces, por la cantidad de estímulos que recibimos del exterior, no atendemos estos detalles.

Los estudios comprueban que al 78 por ciento de las personas nos disgusta nuestro tono de voz. Especialmente cuando lo escuchamos en una grabación, que de hecho es como los demás la perciben. Sin embargo, nos pasamos el 80 por ciento del día hablando.

Las personas nos juzgan, después de haber revisado cómo nos vemos, por cómo nos escuchamos. Si "sonamos bien" pensarán que somos más amigables, más inteligentes, más confiables y con más éxito. Cuando la voz tiene una buena proyección provoca también que lo dicho se perciba bajo una luz positiva.

El sonido de la voz contribuye mucho al éxito o al fracaso que tengamos en nuestra comunicación. Todos lo hemos comprobado.

Escuchar a un expositor, a un político o a alguien con tono de voz desagradable, provoca que queramos salir corriendo del lugar o que cambiemos de estación. La persona puede ser muy inteligente, decir cosas sabias o certeras, pero nuestros oídos piden descanso.

Sin embargo, hay personas que aunque las hayamos prejuzgado por alguna razón, al escucharlas, nos ganan por completo. El doctor Morton Cooper, investigador pionero en estos asuntos, afirma que "la voz de una persona nos revela su esencia y carácter. El cómo la usemos es la clave de nuestra identidad".

¿Qué refleja la voz?

Quizá lo primero que expresa la voz sea el estado de ánimo. A veces pedimos ayuda no con palabras sino con la voz. En lugar de decir abiertamente "estoy triste" jugamos a las "escondidillas", hablamos bajo, suspiramos, somos parcos al contestar, etcétera. Lo que en realidad buscamos es que la persona nos pregunte: "¿Qué te pasa?", para podernos abrir.

Muchas personas levantan el tono de voz y hablan más rápido para expresar un enojo; otras, por el contrario, sabemos que están extremadamente molestas cuando usan un tono calmado y exageran las pausas entre palabra y palabra como si esto evitara una explosión.

Los bebés son muy sensibles a esto, si por la voz nos perciben nerviosos se inquietan y, por el contrario, se tranquilizan al escuchar una voz que transmite paz, aunque le esté recitando la teoría de la relatividad de Einstein.

Cuando una persona habla entre dientes, y nunca se le entiende lo que dice, da cuenta de su ansiedad, de su inseguridad, preocupación, enfermedad o fatiga.

Cuando alguien "sopla" al hablar y baja el tono de la voz nos está seduciendo sexualmente. ¿Recordamos la voz que decía *Rrradddio Immaggen?* O la que tenía Marylin Monroe que parecía que se iba a desmayar, lo que a los hombres les parecía sexy. También es cierto que las personas soplan al hablar cuando están fatigadas después de haber hecho ejercicio, cuando padecen alguna enfermedad pulmonar, cuando están sumamente tensas o cuando de pronto reciben una noticia que los sorprende. Así que no nos confundamos.

El tono de la voz refleja la educación que tenemos. Hay personas que abusan y hablan en un tono que pareciera que traen un papel en la boca. A veces este tono pudo habérseles contagiado, sin querer, como resultado de un modismo generacional; otras lo incorporan conscientemente, creyendo que este tono les da un toque sofisticado, intelectual o *status*. Esto sucede por lo general cuando tratamos de ocultar una inseguridad o cuando creemos que nos aceptarán mejor los demás.

En realidad, si no pertenecemos al grupo en el que todos hablan así, puede ser un motivo para que las personas lo perciban negativamente y sea una gran barrera de comunicación.

Algo similar sucede con las personas que, sin ser españoles, hablan con "z". A mí la verdad me caen mal, pues creo que se sienten superiores al resto por sus evidentes raíces españolas. Si no, ¿por qué hablan así?

Muchas veces la entonación de la voz nos anticipa lo que nos van a decir. Por ejemplo, cuando alguien nos dice: "Me encantaría ir a tu cena, pero...", ya sabemos que no irá.

Una persona que piensa cada palabra antes de decirla, da la impresión de ser insegura, nerviosa o confusa. Por otro lado, esa falta de espontaneidad también refleja poca sinceridad. Claro que se dan los casos en que la persona elige con cuidado cada palabra que va a decir para no herir, o para no decir algo inapropiado. Podemos saber la razón que lo mueve a hablar así si observamos el lenguaje corporal que acompaña a la voz.

Otra de las cosas que refleja el sonido de nuestra voz es la edad. Podemos hacer todo para vernos más jóvenes, pero la voz siempre nos delatará.

¿Qué nos revela la voz?

Las personas que tienen un tono de voz fuerte, dominante, pero que son corteses con los demás en su trato reflejan mucha seguridad; aquellas que utilizan ese tono fuerte para subordinar o intimidar, son casi siempre personas inseguras.

Una voz rasposa puede deberse a varias razones: tener nódulos en las cuerdas vocales; una mala colocación de la voz; tratarse de alguien que fuma mucho o quizá se trate de un asiduo cliente de lugares de vida nocturna, uno nunca sabe.

Dice François de la Rochefoucauld: "No hay menos elocuencia en el tono de voz, en los ojos y en el aire del orador, que en las palabras que escoge."

¿Se puede manipular con la voz?

Es claro que sí se puede manipular una situación sólo con el tono de voz. Por lo tanto debemos estar muy atentos a distinguir si el tono que utiliza quien nos habla es falso o verdadero. Por ejemplo, una voz baja, a primera vista, puede darnos la impresión de que se trata de alguien con falta de carácter o débil, aunque no siempre es así. También puede tratarse de una forma de manipular a otros (quizá para hacerlos entender que lo dicho es confidencial). O puede tratarse de un sujeto que está cansado o enfermo. A veces también por arrogancia se habla en un tono bajo, para atraer más la atención a lo que se dice.

Una voz quejumbrosa nos habla de una manera de manipular a otros sin palabras. Es una forma de obtener lo que se quiere sin decirlo abiertamente. Estas personas no tienen la seguridad personal para decir y quieren que otros los interpreten.

Muchas personas usan un tono de voz fuerte para persuadir, someter o intimidar a los demás.

Cuando hablamos mal de alguien casi siempre utilizamos un tono de víctima y tendemos a hablar ligeramente más bajo que lo normal.

Cuando a una persona que está hablando le preguntan algo que no sabe e inventa la respuesta empezará a hablar más rápido al tratar de explicarse. Entre más mienta, más rápido y disperso será.

A veces las mismas palabras en boca de dos personas nos suenan totalmente diferentes.

¿Qué es lo que hace agradable a un tono de voz?

- Hablar desde el estómago para que tenga resonancia.
- Articular claramente.
- Hacer pausas en las palabras importantes.
- Tener una inflexión variada.
- Estar en buena postura corporal.
- Hablar con entusiasmo.
- Respirar bien y exhalar poco a poco el aire al hablar.

Si practicas lo anterior mejorará tu voz, tu presencia y tu futuro. Por algo dicen que "la voz es el espejo del alma". Aprendamos a escuchar entre líneas para detectar cuál es el verdadero mensaje que se nos revela, porque lo importante no es lo que se dice, sino el cómo se dice.

La riqueza de vocabulario también es importante, aunque no hay que caer en la petulancia de querer impresionar con palabras domingueras. Nuestra delicadeza está en adaptarnos a cada medio, sin perder de vista con quién hablamos.

Tampoco tratemos de parecer alguien que no somos. Por ejemplo, una señora de 40 años se oye ridícula si habla como una joven de dieciocho.

La mejor forma de ampliar nuestro vocabulario es, por supuesto, a través de la lectura. También ayuda que cada vez que encontramos una palabra que desconocemos, preguntemos o busquemos el significado en el diccionario. La revista *Selecciones del Reader's Digest* tiene en todos sus números una sección para aprender el significado de palabras nuevas. Te la recomiendo.

Palabras problema

El cómo nos expresamos durante una conversación es muy importante, ya que complementa o contradice la imagen visual que enviamos. A menos que la persona sea nuestro maestro, nuestro papá o mamá, es penoso que alguien nos corrija cuando decimos o empleamos mal una palabra. Cometer un error al hablar no es exclusivo de quienes carecen de educación, lo encontramos en todos los niveles: ejecutivos con maestrías y doctorados o señoras encopetadas. Salvo algunos intelectuales (que seguro nunca se equivocan), todos hemos cometido errores al hablar. Lo grave es que, a veces, no nos percatamos de ello.

Tratemos de mejorar la forma de hablar ya que el lenguaje refleja nuestro grado de cultura y educación. Como dice Northrop Frye: "Una de las maneras de degradar permanentemente a la humanidad es destruyendo el lenguaje."

A continuación presento una lista de algunas palabras que con frecuencia decimos o empleamos mal.

- La palabra "hubieron" no existe. Se dice hubo. Ejemplo: "No hubo zapatos blancos."
- No se dice "haiga", se dice "haya".
- Aunque nos suene raro, lo correcto es decir: "viniste" en lugar de "veniste".
- Es mejor decir: "Esta tela está brillante" a "brillosa", pues dicha palabra no existe.
- Quitémosle la "s" a palabras como: fuistes, trajistes, pensastes, dijistes, etcétera.
- Lo correcto es decir: la nariz, no las narices.
- No se dice: "voy a la gasolinería"; se dice "voy a la gasolinera".
- La palabra "dinero", es como "gente", no se le agrega una "s" al final.
- A partir del número once no se dice: "onceavo", "doceavo, o quinceavo", sino "undécimo, duodécimo, decimotercero, decimocuarto", y así sucesivamente hasta el vigésimo, que corresponde al veinte.

- Es común que se confunda el significado de la palabra "sendas" con "grandes". Por ejemplo, al decir "sendas blusas" no significa que sean grandes, sino que son una para cada cual de dos o más personas.
- *Ipso facto* en latín no quiere decir "rápido", sino" "de hecho".
- Es incorrecto decir: "Había mucho tráfico." Los coches transitan, no trafican. Y no digamos: "¡Encontré mucho tráfico...!"
- No se dice: "Agarra esto, o tienta esto", es mejor "toca esto".

Palabras mal pronunciadas

Hay miles de palabras que, por prisa o por su frecuente uso, las hemos deformado. Tal es el caso, entre miles más, de las siguientes:

(entons) entonces, (sicierto) si es cierto, (¿sasqué?) ¿sabes qué?, (pior) peor, (Pecsi) Pepsi, (picsa) pizza, (verdá) verdad, (pantunflas) pantuflas, (tecojotes) tejocotes, (edá) edad, (cercas) cerca, (pérame) espérame, (financía) financia, (negocía) negocia, (oila) óyela, (nomás) nada más, (naiden) nadie, (restorán) restaurante, (prespectiva) perspectiva, (voltiar) voltear, (platiado) plateado, (Chapas) Chiapas, (tualla) toalla, (diferencía) diferencia, (pon tú) supón que, (cafeses) cafés, (sesto) sexto, (coptel) coctel, (arrebasa) rebasa, (lamber) lamer, (neva) nieva, (dedeveras) de verdad, (yurex) diurex —la marca—, (ira) mira, (calcamanía) calcomanía, (voy donde Juan) voy a casa de Juan, (grapadora) engrapadora, (intinerario) itinerario. Y la lista podría continuar; cuidemos nuestra forma de hablar.

Frases y palabras que utilizamos con frecuencia cuando nos falta riqueza en el vocabulario

"Qué padre", "súper", "¿a poco?", "qué poca", "me raya", "genial", "OK", "sí, güey", "uta", "si cab...", "está grueso", "no manches", "changarro", "me da cosa", etcétera.

En un joven, hablar así puede ser normal, pero no es admisible en un ejecutivo o en una señora. Hay que tener cuidado de que no se nos pegue el lenguaje de nuestros hijos adolescentes, porque, dada la convivencia, sin darnos cuenta empezamos a hablar como ellos.

Algunos anglicismos

En la frontera se usan varias palabras que son una mezcla de inglés y español. Algunos ejemplos serían: "apárcate", "púchale", "ponte *lip stick*", "yo te hablo pa'tras" (*I'll call you back*), "la troca", "el bet-seller" (el *best-seller*), "frizéalo", "parquéate", "cuando venga de vuelta" (*when I come back*), "ponte *make up*", "voy a aplicar a la universidad", "dame el reporte", "*fase food*", "scanner", "*sport*", "*e-mail*", etcétera.

En realidad, todos estos usos de las palabras son incorrectos y cuando los decimos nos da una imagen local y poco internacional.

Los diminutivos

Quienes vivimos en la ciudad de México tenemos la costumbre de nombrar todo en diminutivo: "Marthita, tráeme las tortillitas por favorcito", "Carlita va a la escuelita tempranito." La verdad es que esta forma de hablar, se oye cursi. También habría que evitar el exceso de abreviaciones del tipo de: "Lety y yo vamos de reven este fin a Aca."

Algunas expresiones que jamás debemos utilizar

Una joven de Mexicali me contó que le fascinó un galán que vio de lejos en una fiesta. El hombre, para su gran gusto, la sacó a bailar y, al platicar, le dijo: "Fíjate que yo a ti, te miraba conocida". Eso fue suficiente para que la joven saliera corriendo en cuanto acabó la canción.

Expresiones erróneas	Uso correcto
Súbete pa'rriba.	Sube.
Bájate pa'bajo.	Baja.
Métete pa'dentro.	Entra.
Salte pa'fuera.	Sal.
Salí fueras de la ciudad.	Salí de la ciudad.
Me desayuné un…	Desayuné un…
No sé si se recuerdan	No sé si recuerdan.
Debes de…	Debes.
¿A qué horas son?	¿Qué horas son?, o
	¿Qué hora es?
Su mamá de ella.	Su mamá.
Me duele mi cabeza.	Me duele la cabeza.
Te pido una disculpa.	Te ofrezco una disculpa.
Más mejor.	Mucho mejor.
Bien mal.	Muy mal.
Está re caro.	Está muy caro.
Me paso a retirar.	Me retiro.
Hacer del baño.	Ir al baño.
Demasiado bien.	Está muy bien.

Expresiones internacionales

Hay palabras que ciertos grupos sociales utilizan en todo el mundo. Es conveniente saber qué quieren decir para que no nos descontrolen cuando las escuchamos.

Savoir vivre
(savua vivr, francés)

Saber vivir. Saber disfrutar las bondades de la vida.

Savoir faire
(savua ferg, francés)

Tener el don, el gusto y el estilo para hacer las cosas. Elegancia en las relaciones personales.

Têtê a têtê
(tet a tet, francés)

Frente a frente. Esta expresión se utiliza cuando se plantea la necesidad de tener una conversación sincera y abierta entre dos personas.

Al dente
(al dente, italiano)

Es un término italiano que define la exacta cocción de la pasta. Cocida por afuera, pero no del todo por dentro.

Cheers (chirs, inglés)

Salud.

Dejà vu
(della vu, francés)

Ya visto. Se refiere a algo que la persona ya ha visto o vivido con anterioridad. Se usa comúnmente de manera peyorativa, cuando hablamos de algo que no es original, novedoso o talentoso.

Entre nous
(antre nu, francés)

Aquí entre nos (nosotros). En confianza. Es una solicitud de discreción.

Petit comité
(francés)

En pequeña comitiva. Íntimamente. Cuando la persona dice veámonos en "petit comité", se refiere a vernos entre pocos.

Status quo (latín)

Estado actual de las cosas. Tal como está.

Cést la vie
(se la vi, francés)

Así es la vida. Así son las cosas.

Charming (inglés)

Encantador.

Oh my god
(o mai god, inglés)

¡Dios mío! Es una exclamación de sorpresa, buena o mala.

Capeau
(shapó, francés)

Literalmente es sombrero. Se usa para expresar admiración. Como decir: "Me quito el sombrero."

Nouvelle cuisine
(Novela cusin, francés)

Nueva tendencia culinaria, orientada hacia el minimalismo gastronómico. Se caracteriza por una mezcla de sabores, texturas y combinaciones.

Kitsch (kitch, inglés)	De mal gusto. Mezcla de estilos fuera de contexto en decoración o arte.
Cliché (clishé, francés)	Algo típico, ya visto o repetido, una idea hueca y banal.
Peccata minuta (italiano)	Sin importancia.
Expertise (expertis, inglés)	Especializado o destreza. Maestría en hacer algo bien.
Hobby (jobi, inglés)	Pasatiempo.
Light (lait, inglés)	Ligero. De dieta. Se usa también de manera despectiva, para decir que algo es superficial o sin grandes pretensiones.
Dark (inglés)	Oscuro. Pesado.
Background (bacgraund, inglés)	Hacer referencia al bagaje socio-cultural de cada persona.
Chic	Elegante, sofisticado.
Gourmet (francés)	Conocedor de la buena comida.
Bon vivant (von vi van, francés)	Conocedor de los placeres de la vida.

Jet-set (yet-set, inglés)	Gente rica y famosa que tiene la oportunidad de viajar mucho.
Jet-lag (yet-lag, inglés)	Malestar causado por viajar en avión muchas horas y cambiar de horario.
La crème de la crème (la crem d' la crem, francés)	Alta sociedad.
Off the record (of da record, inglés)	Fuera de lo oficialmente dicho o grabado.
Snob (inglés)	Es la abreviación de "sans no-bilité" (sin nobleza), expresión que se utilizaba para señalar a esos alumnos que no eran aris-tócratas y que estudiaban en Oxford-Cambridge y que trata-ban a cualquier precio de imitar las costumbres de los nobles. "Snob" es un sinónimo de aquel que quiere parecer lo que no es, o también aquella persona que no es natural y trata de hacer-se notar permanentemente.

Parece cosa fácil entablar una conversación. Sabemos que es todo un arte que implica ordenar estructuradamente las ideas de mane-ra elocuente y, sobre todo, lograr que el otro se sienta escuchado y cómodo.

LOS 23 PUNTOS CLAVE PARA INICIAR Y MANTENER UNA CONVERSACIÓN

Hay ocasiones, cuando nos presentan a una persona, que no sabemos qué decir, lo que nos hace sentir incómodos. Aquí enlisto algunas sugerencias para salir del apuro:

- Presentémonos primero y escuchemos con atención el nombre de la otra persona. Mantengámoslo en la mente para intercalarlo a lo largo de la conversación.
- Si la persona agrega algo más después de decirnos su nombre, nos da pie a seguir por ese camino. Por ejemplo: "Soy Pedro López y ésta es la primera vez que estoy aquí..." o "Soy primo de Luis (el anfitrión)."
- Aunque nos suene trillado, hablar del clima es una buena forma de empezar. Por ejemplo: "Qué agradable está la temperatura, ¿no crees?" "Yo preferiría que hiciera un poco más de calor, ya que soy de Mérida y no me acostumbro a este frío." "No me digas, ¿qué te trajo a la ciudad de México?" Y, sin más preámbulos, ya se inició una conversación. No temamos decir cosas como: "A mí estas fiestas tan grandes me intimidan un poco" o "la verdad es que no conozco a nadie y, aunque me siento un poco raro, me gusta conocer nuevas personas". El hecho de abrirnos facilita que el otro también lo haga.
- Siempre hagamos preguntas abiertas: "¿Por qué decidiste cambiar de compañía?" "¿Cómo es que conociste a Connie y a Manuel (los anfitriones)?" Si preguntamos algo que se puede resolver con un sí o un no, es como entrar en un callejón sin salida.
- Preguntemos qué opina el otro sobre la última noticia política, la película del momento o el libro de moda. A todos nos encanta que alguien quiera saber qué opinamos.

- Hay que estar muy atentos para darnos cuenta cuando un tema se agota y con mucho tacto sacar uno nuevo.
- Es muy importante ser nosotros mismos. No actuar para causar una buena impresión. La gente se da cuenta.
- Hablemos siempre a un buen ritmo. Cuando estamos ansiosos porque nos escuchen, tendemos a hablar muy rápido y damos la sensación de que tememos no poder completar la idea.

  Hay ocasiones en las que nos encontramos en medio de un grupo de personas que dominan un área específica como puede ser el arte, la política o las telecomunicaciones, entre otras. En estos casos lo mejor es escuchar, hacer preguntas e interesarnos por aprender. Nunca pretender que conocemos el tema. Un buen conversador muestra su interés por lo que platica su vecino y discretamente lo incita a continuar.
- Escuchar con todo el cuerpo. No solamente poner la cara de que lo estamos haciendo cuando nuestra mente anda por otro lado.
- Una buena conversación se parece a un partido de tenis. La pelota y la atención están en un lado de la cancha para después pasar al otro.
- Una plática banal y superficial se parece a una barda que levantamos frente a nosotros. Por ejemplo: "¿Cómo estás? —Yo, muy bien. ¿Y tú? —Bien, ¿y la familia? —Todos bien, gracias. ¿Qué tal la tuya? —Bien gracias, ahí vamos—. Qué bueno, me da mucho gusto." Si se da en un encuentro fugaz está bien, pero en una reunión provoca esos temidos silencios donde ya no sabe uno qué más decir. Esto sucede cuando tememos mostrar un poco de nuestro interior y nos limitamos a cumplir con lo mínimo de cortesía. Qué diferente es cuando una persona se atreve a decir lo que piensa, lo que siente, algo que le sucedió o emite una opinión personal sobre un tema. En el momento que captamos esa apretura de inmediato nos abrimos también y la conversación fluye.

- Evitemos al máximo las frases vacías como. "Sin deberla ni temerla." "A dónde vamos a llegar así." "Más vale tarde que nunca." "Esto de la tecnología...", que terminamos en un suspiro y a la otra persona no le queda más que asentir. A todos nos ha pasado esto alguna vez y sabemos que mientras más nos preocupamos por decir algo para llenar ese silencio, más se bloquea la mente y menos temas se nos ocurren.

- No seamos categóricos ni impositivos. No hay nada más chocante que una persona que se expresa como si fuera dueña de la verdad. Recordemos que en la concurrencia posiblemente haya alguien especialista del tema. La conversación debe ser un diálogo, no un monólogo.

- Tratemos de no empezar las frases con un yo: yo hice, yo fui, yo, yo. Concentremos nuestro interés en el otro. Ése es el secreto.

- Dejar que la persona termine de expresar su idea aunque ya hayamos captado todo su punto y su mensaje nos parezca lento y repetitivo.

Hay a quienes les gusta contradecir para hacer la conversación "más candente y emocionante". Tengo un amigo que abiertamente dice que le gusta crear polémicas en las cenas y que por eso contradice lo que la gran mayoría opine sobre un punto. Si está con un grupo muy poco religioso comienza a conversar como si fuera un verdadero padre y lo peor es que acaba defendiendo su punto de vista como si fuera un tema trascendental para él, lo que genera desconcierto y enojos innecesarios.

- Si no estamos de acuerdo con algún comentario en la conversación, busquemos en forma tranquila dar nuestro punto de vista y nuestras razones. Es mejor que menospreciar al otro o balbucear expresiones como "estás mal", "para nada", peor aún, "no sabes de lo que hablas". Optemos mejor por un "yo no lo veo así".

- Una manera inteligente de plantear una idea es preguntar sin imponer y dejar el diálogo abierto. El intercambio de ideas nos enriquece a todos.
- Aceptar que no sabemos algo es un acto de grandeza y no de debilidad.
- Tengamos paciencia. Una vez en una cena, la señora de enfrente decidió platicarnos —a Pablo y a mí— con todo detalle su pasión por las flores de seda y nosotros nos dábamos cuenta que el vecino estaba haciendo reír a los demás con unas maravillosas anécdotas; ni modo, no nos quedó de otra que escuchar y atender a la señora y sus tulipanes.
- Cuidemos que nuestra mirada no ande por todos lados. Hagamos un esfuerzo por prestarle toda la atención a quien nos esté platicando algo. Procuremos interesarnos, aunque en el fondo no entendamos la "logística del congreso de seguros".
- Un error común es aislarnos a platicar con una sola persona. Lo correcto es convivir con todo el mundo. Evitemos ignorar a alguno de los invitados, aunque de primera impresión nos haya parecido antipático.
- Seamos cuidadosos con el uso de otros idiomas. A veces hay eventos en los que la mayoría de los invitados son extranjeros y, sin querer, o por ignorancia, mantienen la conversación en otro idioma, que alguien no habla. El pobre que no entiende se siente todo el tiempo fuera de lugar.
- Evitemos murmurar con nuestra amiga confidencias. Guardémoslas para otra ocasión, cuando estemos a solas, para no hacer sentir incómodos a los demás. Tampoco compartamos intimidades o historias sentimentales con todo el mundo. Nuestros problemas afectivos, familiares o físicos no le interesan a todos. Es un detalle de delicadeza ahorrarle a los demás escuchar nuestras miserias personales. Recuerde qué incómodo es el señor que, con lujo de detalles, hace un recuento minucioso de sus

problemas gástricos o la señora que cuenta abiertamente su do-
loroso proceso de divorcio. Esto genera sentimientos de pena
ajena e incomodidades.

En otras palabras, no perdamos nuestra conversación en una lista
infinita de detalles, que a nadie interesan. Por ejemplo, cuando
una pareja platica de su viaje a China y discute por diez minutos
si fue en 84 o en el 85, mientras narran su vida de esos años: "¡Sí!
porque acuérdate que ese mismo año compramos el coche rojo,
justo llegando del viaje." ¿A quién le importa?

Si llegamos a contar alguna anécdota tengamos la precaución
de enriquecerla con información de interés general o promova-
mos que los demás cuenten experiencias similares.

Todo exceso abruma, no falta la ocasión en la que alguien al
iniciar la comida comente algo de su *e-mail* (correo electrónico),
y nosotros, apasionados del Internet, explicamos durante toda la
comida la cantidad de internautas y compañías de Internet en el
planeta; presentamos un tratado sobre la ética del Internet y el futuro del mundo. Si nos damos cuenta, debemos disculparnos con
todos explicando que es nuestra gran pasión en la vida.

Tampoco monopolicemos la conversación, hay personas que
si no son ellas las que hablan y definen la plática y realizan un monólogo, se aburren y muestran un total desinterés por la reunión.
La conversación es un intercambio de ideas. El saber conversar no
es sólo saber hablar, implica también saber hacer hablar a los demás, saber escuchar y dar un espacio a todos para que se expresen.

Las que somos mamás, tratemos de no hablar por una hora de
nuestros hijos, aunque sean los más simpáticos e inteligentes del
mundo; resulta tan aburrido como que un ingeniero hable de los
últimos reglamentos de la construcción de carreteras. Simplemente no es de interés común. Y aunque existen ciertas profesio-

nes que llaman la atención, como periodista, publicista o político, resulta atractivo sólo por un momento.

Si nuestra vida profesional ha tenido éxito no seamos nosotros quien lo anuncie, dejemos que otros lo saquen a colación. Por otra parte, si uno sabe del logro reciente de otra persona hay que felicitarlo enfrente de todos. Es muy agradable oír que la gente comparte nuestra felicidad.

Evitemos hablar mal de los demás, de sus fracasos profesionales, de lo mala persona que es, pues nos genera una imagen negativa y la gente puede interpretarlo como envidia o falta de autoestima. Respetemos a nuestros interlocutores y, sobre todo, respetemos a quienes no están.

Otro tema delicado son las finanzas personales y los gastos. No debemos platicar cuánto gastamos en las vacaciones, cuánto nos costó el departamento, el coche o cuánto pagamos este mes de impuestos. A lo mejor es lo que gana la persona sentada junto a nosotros.

Teóricamente, podemos hablar de cualquier tema siempre y cuando lo hagamos con tacto y prudencia. Aunque, en realidad, es mejor evitar ciertos temas como la enfermedad o la muerte; cada quién tiene una historia y diferentes sentimientos. Por ejemplo, no todos reaccionamos de la misma manera frente a un enfermo de sida. Hay quienes simplemente no pueden hablar de la muerte de un pariente o les parece muy íntimo platicar sobre el cáncer de mama de su esposa. Si alguien está enfermo no le preguntemos enfrente de todos qué tratamiento está tomando.

Tampoco hablemos de política, sobre todo si sabemos que hay gente involucrada o muy pasional que acabará diciéndose cosas como: "Eres del sistema", "los p ...istas", "reaccionario", "oportunista". Se acabará la reunión y todos se irán a su casa con un mal sabor de boca.

Otro tema que debe evitar es el de religión, pues hay gente muy creyente o atea y ambas partes son capaces de atorarse durante varias horas probando si dios existe o en razonamientos del tipo de "cómo es posible que no creas en que alguien tuvo que crear la vida, el pensamiento…" o "si Dios existe, entonces explícame por que hay tanta pobreza y miseria en el mundo"…¿Ya sabes?

Si alguien pregunta algo que nos incomoda, simplemente, hagámosle entender con una sonrisa que preferimos no hablar del tema.

Evitemos convertirnos en ese tipo de "sabelotodo" que le encanta corregir a los demás, con el fin de dizque "enriquecer" el discurso del interlocutor, cuando lo que en realidad desean es destacar como personas "brillantes y conocedoras".

Por ningún motivo convirtamos una cena o fiesta en un campo de batalla con nuestra pareja. Es muy incómodo para los demás. No olvidemos que "la ropa sucia se lava en casa", pero a solas.

LOS CHISTES

Un buen chiste puede ser la chispa que prenda la reunión, pero hay dos clases de gente: los que saben contar chistes y los que son necios. Cada uno sabemos a cuál grupo pertenecemos. No insistamos en hacerlo si somos del segundo grupo. En cuanto a los chistes groseros, pueden ser muy divertidos, pero es importante tener sentido común para saber a quién se los contamos, cuántos y en qué tono.

Un error en la comunicación es hablar todo lo que pensamos y decirlo tal cual, sin reflexionar las ideas. Una persona así puede ser malinterpretada o pasar por tonta.

Evitemos contar indiscreciones de otras personas, estén presentes o no. Si vamos a contar algo especial de otra persona nunca digamos su nombre. Recordemos que "se dice el pecado pero no el pecador". Pascal nos da un excelente consejo: "Si quieres que la gente piense bien de ti, no presumas."

Seamos prudentes con lo que comentamos. Imaginemos que empezamos a hablar de un señor que tiene muchos complejos porque está muy chaparro y, al voltear, nos damos cuenta de que el vecino de la mesa es también un chaparrito. En ese momento debemos cambiar sutilmente de tema o minimizar el comentario, argumentando, por ejemplo, que la estatura quizá no sea la causa real de sus complejos. Dar explicaciones rebuscadas lo único que genera es que todos noten nuestra falta de tacto.

Si nuestra indiscreción va más allá de una simple torpeza, busquemos un momento oportuno para disculparnos en privado con la persona o personas que pudimos haber ofendido con los comentarios. Seamos prudentes, evitemos los juicios categóricos, las verdades absolutas y estemos atentos a las conversaciones y situaciones que se generen a nuestro alrededor.

El papel de los anfitriones es alentar a los tímidos, neutralizar las discusiones que puedan presentarse, ayudar al menos agraciado o inteligente a no quedar mal, cambiar el tema para no monopolizar la conversación y generar un ambiente de participación y camaradería entre los invitados.

Un buen anfitrión no busca destacar personalmente; por el contrario, hace todo lo posible para que sus invitados sean las estrellas.

EN RESUMEN

- Acabemos las frases y dejemos que los demás lo hagan también.
- Evitemos la plática trivial, superficial.
- Busquemos el diálogo, no la imposición.

- Anulemos el discurso yo-yo.
- Si no estamos de acuerdo con algo, presentemos nuestros puntos de vista con calma y educación.
- Tomemos la oportunidad de aprender y cambiar de opinión.
- No interrumpamos.
- Cuidado con caer en la tentación de "secretearnos".
- Recordemos que las intimidades son nuestras.
- Nuestras anécdotas personales pueden ser interesantísimas si no abusamos de ellas.
- Busquemos temas de interés general.
- Mamás: hablen poco de sus hijos.
- No hablemos mal de los demás.
- Evitar convertir una reunión en campo de batalla con nuestra pareja.
- Contemos chistes sólo si somos buenísimos en eso, si tenemos gracia.
- Si somos los anfitriones hagamos que nuestros invitados sean las estrellas.

Temas que rescatan los silencios en una conversación:

- Un buen restaurante que acabamos de conocer.
- Una buena película.
- Un libro que cualquiera disfrutaría leer.
- El reciente nombramiento de algún político o personaje público.
- Algún premio Nobel, en literatura, en ciencia, etcétera.
- Una anécdota agradable sobre otros o algo chistoso que nos haya pasado.
- Algún artículo interesante sobre el espacio, la ecología, las vitaminas, etcétera.

- El anuncio reciente del matrimonio o embarazo de alguna pareja que todos conocemos.
- Alguna buena noticia que escuchamos en la radio.
- Algún buen programa de televisión.
- Lo que una persona o una fundación ha logrado en la ayuda a los demás.

Temas que debemos evitar

- Cualquier tema de religión.
- Temas de controversia como aborto, homosexualidad, divorcios, etcétera.
- Hablar de política es delicado, sobre todo en época electoral. Cada quien tiene su candidato o partido preferido y el acaloramiento en las discusiones puede terminar con la buena convivencia.
- Preguntas muy personales como: la edad de una persona que se ve que es mayor de 30 años; su peso, tendencias sexuales, si usa peluca o si ya se "restiró". ¿Por qué no se encuentra su pareja con él o ella?, ¿Por qué se divorció?, ¿Por qué ya no trabaja en la empresa que solía hacerlo?
- Chismes tendenciosos, crítica destructiva.
- Lo bien que hacen las cosas nuestros hijos.
- Acaparar la conversación contando nuestro último viaje.
- La enfermedad de cualquiera.
- Secuestros, robos, asaltos. Aunque es el tema favorito de hoy en día, crea un ambiente poco agradable.

El que mucho se despide...

〜

LOS DEBERES DEL ANFITRIÓN

*C*uando la reunión está por terminar los anfitriones no deben ser los primeros en despedirse. Ellos deben esperar pacientemente, por más cansados que estén. Una vez que los invitados decidan retirarse, siempre hay que acompañar a cada uno a la puerta. Es una manera de hacerlos sentir importantes.

Si vives en una zona peligrosa y la invitada es una mujer sola acompáñela hasta su coche y, de ser posible, promueve que otro invitado la siga por el mismo camino.

Si somos los anfitriones no olvidemos volver a agradecer a nuestros invitados por lo que hayan traído: las flores, el vino, etcétera. Es importante mencionarles lo contentos que estuvimos y mencionar posibles planes para futuros encuentros. A Pablo y a mí nos tocó ir a una cena donde además de haber comido delicioso, de haber sido muy bien atendidos, a la hora de despedirnos, la anfitriona nos dio a cada uno de los invitados un pequeño regalo. Verdaderamente, no lo podíamos creer.

No cabe duda que siempre podemos aprender a ser mejores anfitriones.

LA ATENCIÓN DEL INVITADO

En una cena, procuremos no retirarnos antes de 45 minutos, una vez terminado el café.

Si eres el invitado de honor, es una atención para los demás retirarse cuando casi se hayan marchado todos. No te vayas temprano, pues es una descortesía hacia el anfitrión y probablemente genere que contigo se vaya la mayoría. Tampoco hay que ser el último invitado que ya se encarriló en la fiesta, aunque todos se hayan ido y estés encantado.

Cuando te despidas de tus anfitriones no los entretengas demasiado. Ellos deben regresar con el resto de los invitados. Es muy importante agradecerles calurosamente por el recibimiento, la belleza de la mesa, la exquisita cena o comida, el buen vino, la gentileza o simpatía de los demás invitados, lo bonito de la casa etcétera.

Si algún otro invitado se va, puedes aprovechar para también hacerlo. Si tu anfitrión te solicita que te quedes, házlo por un rato más.

Si eres invitado y necesitas irte antes de que termine la fiesta, trata de despedirte, interrumpiendo lo menos posible la conversación. Si consideras inoportuno despedirte de todos los invitados, debes estar seguro de decir siempre un discreto adiós a tu anfitrión.

AGRADECIMIENTOS

Si por algún motivo no pudiste llevar o mandar algún detalle a tu anfitrión, es muy importante que lo hagas al día siguiente.

Aunque al despedirnos hayamos sido enfáticos en nuestro agradecimiento, sugiero que en los días siguientes a la invitación le hablemos al anfitrión para agradecerle habernos invitado. No olvidemos mencionar lo bien que nos la pasamos.

Podemos, incluso, enviar una nota de agradecimiento.

En todo este placer de compartir y convivir, tratemos de organizarnos para invitar a nuestros amigos de regreso en un futuro cercano. La reciprocidad es de vital importancia. Recordemos que no sólo debemos saber recibir, sino también dar.

Hospitalidad de fin de semana

❧

*Los amigos que frecuentan una casa
son su mejor decoración.*

TE INVITO UNOS DÍAS A MI CASA

*U*no de los grandes placeres de la vida es invitar a nuestros parientes o amigos a pasar unos días o un fin de semana a nuestra casa. Esto requiere organización y planeación de las comidas, las actividades y los pasatiempos, así como procurar que todo funcione bien. Lo importante es que nuestros invitados se sientan acogidos.

Las recomendaciones que vimos en el capítulo "El arte de recibir y ser recibido" pueden aplicarse a cualquier tipo de invitación. En situaciones de mayor convivencia, como ésta, debemos considerar algunos otros aspectos.

Hay que invitar a nuestros amigos o familia con anticipación, sobre todo si se acerca un puente festivo o la temporada de vacaciones. Nunca dos días antes, ya que parecerá que otros nos dijeron que no y ellos ocuparán un hueco.

Cuando invitemos debemos aclarar qué tipo de plan tenemos en mente; si es con familia o no y dar todo la información como:

- Cuándo llegar y a qué hora.
- Si viajan en coche debemos proporcionarles un mapa y avisarles cuáles son las horas pico del tránsito de salida.
- Si viajan por otros medios, ofrecer recomendaciones de horarios, itinerarios, compañías…
- Qué tipo de ropa requerirían, si hace frío o calor, o si deberán llevar alguna vestimenta deportiva especial; en fin, no hay nada peor que uno de nuestros invitados se sienta diferente de los demás o fuera de lugar.

  ¿Imagínate que llegamos de *shorts* y guaraches y resulta que hace un frío espantoso? ¿O que nadie nos avisa que para cenar acostumbran arreglarse mucho, y llevamos puras fachas? No hagamos sentir mal a quien queremos halagar teniéndolo entre nosotros.

- En caso de que como anfitriones decidamos que lo mejor es que todos nuestros invitados compartan los gastos y por olvido o descuido alguno de ellos no pregunta en qué puede ayudar, podemos decirle amablemente que para que sean más sencillas las compras, entre todos compartiremos los gastos.

Cuando conocemos bien a nuestros invitados por lo general sabemos qué les gusta hacer, comer y con quiénes podrían sentirse a gusto. Es importante que si invitamos a dos parejas, a ambas les gusten pasatiempos similares. En otras palabras, no mezclemos a una pareja hiperactiva, que no para de hacer deportes de la mañana a la noche, con otra que no mueve un dedo y que se quedará sola en la casa o participará con poco entusiasmo.

Cuando no conocemos bien a nuestros invitados, ya sea porque se trata de amigos de nuestros familiares o porque están en nuestra ciudad de vacaciones y nos los encargaron, o porque es un cliente de nuestra pareja, tendremos que esforzarnos en la planeación.

Una buena solución es preguntar lo pertinente para hacer de su estancia con nosotros una experiencia de lo más agradable. Esto es: ¿viene acompañado?, ¿tiene hijos?, ¿de qué edades?, ¿qué le gusta comer?, ¿toma café al abrir el ojo?, ¿le gusta la comida picante?, etcétera. Pero debemos hacerlo con discreción y concentrarnos en lo esencial. Nuestro huésped nunca debe sentir que su estancia implica problemas y preocupaciones.

Una vez un tío lejano nos invitó a mí y a mi familia a un rancho en Querétaro; cuando le confirmamos nuestra asistencia, su esposa comenzó un verdadero cuestionario digno de la Interpol. Quiso saber desde qué sabor de mermelada nos gustaba, hasta cuántas toallas usábamos en la mañana. Pidió que por favor le diera una lista de las actividades que a cada uno de mis hijos le gustaba realizar. Su intención era muy buena y así se lo agradecimos, pero fue evidente que para ella tenernos como invitados era una verdadera complicación.

Por otro lado, cuando nos quedemos en casa de algún pariente o amigo debemos ser muy prudentes en cuanto al número de días que nos quedemos. Hay gente que llega con toda la familia y no tiene para cuando irse, siempre es bueno que se queden con ganas de volvernos a invitar. Seamos prudentes.

¡La casa está lista!

No hagamos las camas justo cuando nuestros invitados lleguen. No es correcto. A su arribo todo debe estar ya listo para mostrarles su cuarto y explicarles, por ejemplo, cómo funciona el calentador eléctrico, dónde pueden guardar su ropa, dónde están las velas y cerillos por si se va la luz, o qué hacer si tiene, por ejemplo, problemas con el agua…

Un bonito detalle es poner flores en su cuarto con una tarjeta de "Bienvenidos. Qué gusto tenerlos aquí." Hace poco Pablo y yo visitamos a unos amigos que se fueron a vivir a San Antonio y al entrar a nuestro cuarto, además de la tarjeta, había un pequeño regalo, muy pensado, para cada uno. Nos hizo sentir muy bien.

Hay que darles tiempo para que ordenen sus cosas y se pongan cómodos. Luego es importante mostrarles la casa para que la conozcan, tomen posesión de ella y ubiquen dónde se encuentra todo.

Es un momento para relajarse, conocer el lugar, acomodarse, tomarse una copa y organizar el día.

¿En qué te ayudo?

Si en la casa no contamos con ayuda y nuestros invitados se ofrecen a cooperar, lo mejor es aceptar para que se sientan integrados y útiles. Pedirles pequeños favores como: abrir la botella de vino, poner los platos u ofrecerle a los demás algo de tomar, los hace sentir en casa, y no debemos olvidar que si nosotros somos los invitados debemos hacer esta pregunta.

La comodidad es importante

Una vez invitaron a una amiga soltera a una casa en San Miguel de Allende, con otros amigos que ella no conocía. Como la casa era pequeña, se encontró con la sorpresa de que ¡iba a dormir en un cuarto de literas, con otra pareja y un señor que en su vida había visto! Ya se imaginará la incomodidad del asunto.

Si no podemos ofrecer la comodidad mínima y el cuarto adecuado, es mejor invitar a pocos.

Si de plano hay detalles que pueden incomodar, como que el cuarto no tiene baño, o que se trate de dos amigos y sólo haya una sola cama grande en el cuarto, es mejor informarles con anticipación, para que decidan si aceptan o no.

Si en nuestra casa o departamento no hay suficiente espacio, la solución no debe ser ofrecerles nuestro cuarto, ya que los haremos sentir muy incómodos. Lo mejor en ese caso es acomodarlos en el cuarto de los niños, en el estudio, y vaciar cajones o repisas para que puedan arreglar y acomodar ahí sus cosas.

Pensemos en los detalles del cuarto como si nosotros mismos fuéramos quienes los van a habitar, sólo así nos daremos cuenta de lo que funciona y de lo que hace falta.

En una casa de fin de semana muchas veces sucede que por falta de uso constante hay imperfecciones: no funcionan las lámparas, la regadera tiene una fuga, la puerta no cierra bien, no hay suficientes cobijas, las toallas no alcanzan para todos o son muy chicas. Este tipo de detalles, por prudencia, nunca nos los comentarán los invitados, así que tenemos que asegurarnos de que todo funcione bien antes de que lleguen.

¿Qué deben tener un cuarto y un baño?

Lo esencial en un cuarto

- Estar muy limpio y en orden.
- Pañuelos faciales.
- Jarra de agua y vasos.
- Lámpara para leer.
- Dos almohadas por persona.
- Juego de sábanas iguales, no partes de diferentes juegos.
- Flores naturales (por lo menos una).

- Cobijas suficientes (siempre es bueno dejar una cobija extra por si hace frío).
- Espacio para colgar ropa.
- Cajones para guardar ropa.
- Suficientes ganchos.
- Espejo.
- Calentador o ventilador en climas extremos.
- Basurero.
- Cenicero.
- Vela y cerillos.

Lo esencial en un baño

- Toallas (grande, mediana, de cara y de manos).
- Toalla de playa si se requiere.
- Jabón nuevo en la regadera (para no desperdiciar compre pequeños).
- En el lavabo ponga jabón líquido, o uno nuevo chiquito (nunca debe verse un jabón usado).
- Vasos para acomodar cepillos de dientes, pasta…
- Canasta para acomodar cepillos de pelo, broches…
- Rollo extra de papel de baño.
- Basurero.

Los siguientes detalles, aunque no son esenciales, si los ofrecemos, ya sea alguno o todos, los invitados lo agradecerán enormemente, además de que les harán sentir el cuidado personal de los anfitriones:

- Cepillo de dientes nuevo y pasta de dientes.
- Shampoo y acondicionador.
- Gorra de baño.

- Burbujas de baño (si hay tina).
- Crema.
- Secador de pelo.
- Spray de pelo.
- Rasuradora y crema para afeitar.
- Aspirinas.
- Curitas.
- Bloqueador de sol.

En el cuarto

- Reloj despertador.
- Revistas recientes y variadas.
- Libros escogidos.
- Papel y pluma.
- Radio, CD o TV.
- Juego de costura con lo básico.
- Guía de la ciudad o lugar.
- Recomendaciones de dónde comer, pasear, visitar (en caso de que los anfitriones no estén presentes).
- Sección amarilla.
- Lista de lugares.
- Dónde ir de compras.
- Teléfonos de utilidad.
- Llaves.
- Paraguas, si es época de lluvias.
- Como invitado es muy agradable encontrar la cama abierta y la jarra o termo con agua fría en la noche.

Una vez a Pablo y a mí nos invitaron a una casa donde hacía mucho frío y, al meterme en la cama, me encontré con la agradable sorpresa de que había una bolsa de agua caliente para los pies.

¡Cómo lo agradecí! Es el tipo de detalles que no cuestan nada y que hacen la diferencia.

¿Qué hacemos?

Cuando invitamos a familias, debemos pensar en actividades para los niños, como: videos, pelotas, juegos, excursiones... y para los adultos. Nunca sobran los juegos de mesa, cartas, dominó, backgammon, etcétera. Así como actividades deportivas, organizar caminatas en la playa, en el campo o paseos en bicicleta.

Es muy importante respetar el espacio de las personas, el anfitrión que obliga a todo el mundo a hacer lo que él quiere resulta presionante. Es mejor preguntar si les gustaría hacer una actividad u otra, o si les gustaría visitar el pueblo vecino; también a qué hora quieren comer... No seamos los tiranos de nuestros invitados.

Desayuno

Todos tenemos despertares diferentes. Hay quienes se despiertan temprano a correr, a otros les gusta despertarse tarde los fines de semana. Cuando tenemos invitados procuremos hacerles sentir que no hay una hora específica para desayunar, sino que cada quien desayune a la hora que desee. Por supuesto, me refiero a horas prudentes, digamos entre las nueve y las once de la mañana.

Si no tenemos quien nos ayude a preparar el desayuno, podemos dejar puesta la mesa antes de dormirnos, sacar todo lo que no se descompone, como cereales, pan, y mostrarle a todos dónde pueden encontrar el resto.

Si contamos con ayuda, un buen detalle es poner temprano una charola con un termo con café y tazas afuera del cuarto de visitas. En el desayunador todo debe estar listo.

Pensemos en aquellas personas que no les gustan los desayunos fuertes, como huevos, chilaquiles, tocino... y que comen sólo jugo, fruta y pan tostado, té o café. No olvidemos el chocolate para los niños.

Si como invitado, eres de los que acostumbra despertar entre las doce y la una de la tarde, lo más prudente es que tomes sólo jugo o café para que no desajustes en la cocina la organización de la próxima comida.

La comida

En un fin de semana, además de cuidar los detalles de cada comida, hay que analizar la combinación de alimentos entre las comidas.

Por ejemplo, si en el desayuno damos quesadillas, en la comida sopa de tortilla y en la noche taquitos fritos, es muy probable que nuestros invitados no duerman y suban cuatro kilos en el fin de semana.

La solución es organizar menús variados y atractivos para todos, así como planear los menús más pesados para la hora de la comida y cocinar algo más ligero para la cena.

Al planear el menú, tomemos en cuenta a los niños; si la comida es sofisticada o picante debe haber alternativas para ellos como: quesadillas, *hot dogs*, pollo asado, etcétera.

También debemos tomar en cuenta cada región, clima y ambiente. En climas calurosos, ofrecer platillos frescos, fríos; en el mar, platillos con base en pescado o mariscos o algún tipo de carne ligera asada. Sin embargo, hay que evitar combinaciones como cebiche par empezar y luego pescado a la mantequilla, porque es mucho de lo mismo. En las montañas se antojan las sopas calientes y los guisados.

Aquí te doy algunas sugerencias.

En el mar

Menú comida: Menú cena:
Aguacate relleno de camarones.   Pasta con jitomate y albahaca
Pescado a la parrilla.   fresca.
Arroz blanco.   Ensalada verde.
Ensalada de pepinos.   Helado de coco.
Plátanos al horno.

En otros climas cálidos, como Cuernavaca

Menú comida: Menú cena:
Fideos secos.   Espárragos con vinagreta.
Pollo al horno.   Crepas de flor de calabaza
Calabazas a la mexicana.   en salsa de crema de elote.
Ensalada de ejotes.   Mousse de mango.
Nieve.

En climas fríos, una sopa caliente es siempre una garantía. Así como platillos muy energéticos, chocolate, carne, papa, granos, pastas, etcétera.

En el campo

Menú comida: Menú cena:
Sopa de flor de calabaza.   Alcachofas.
Carne asada.   Berenjenas al horno o elotes.
Chorizo y chicharrón.   Pan dulce y chocolate.
Cebollitas fritas.
Guacamole.
Ensalada de nopales.
Pastel de manzana.

NOS INVITAN A PASAR UNOS DÍAS

Cuando recibimos esta clase de invitación lo primero que debemos hacer es responder de inmediato si aceptamos o no, para que, si no podemos acudir, sea invitada otra persona. Evitemos cancelar en el último momento, pues esto implica, además de la decepción, un costo para los anfitriones.

Si aceptamos ir, hay que informarles la hora a la que llegaremos y procurar que no sea incómoda. Por ejemplo, si ellos trabajan, no debemos llegar a media mañana. Tampoco es prudente llegar ni muy temprano ni muy noche y, desde que aceptamos la invitación, procuremos aclarar la fecha en que partiremos.

Tratemos de no llegar con 200 maletas, pues esto daría la impresión de que nos quedaremos a vivir ahí para siempre.

Ahora bien, desde el momento en que aceptamos, somos responsables también de que el convivio sea un éxito. La suma del esfuerzo de todos garantizará la armonía del tiempo compartido.

Estarán de acuerdo conmigo en que cuando varias parejas pasan un fin de semana juntas, basta que una esté seria, enojada o nada participativa, para que se genere una desagradable tensión en todos; por el contrario, es muy agradable cuando todos van en la mejor disposición de pasarla bien.

Si por alguna razón somos nosotros quienes no nos sentimos con ánimo de participar, o estamos abrumados con problemas, debemos disimular lo más posible para que el resto del grupo la pase bien.

Aceptar una invitación implica coordinar bien el viaje, sobre todo si es temporada alta y necesitaremos tomar aviones; por favor, no lo dejemos para el último momento.

Detalles de delicadeza

Cuando somos huéspedes, en casa ajena, es muy importante ser discretos en el uso de las instalaciones: debemos apagar las luces, cerrar las llaves del agua, cerrar las puertas o las ventanas cuando hay aire acondicionado, levantar las toallas del piso, recoger nuestras pertenencias de la sala o de la alberca, dejar en orden la habitación, etcétera.

Algo básico en la convivencia es ser puntual. Es horrible esperar siempre a alguien para todo y, peor aún, que sea a nosotros a quien tengan que esperar.

Si no hay personal de servicio, debemos tender la cama y, antes de irnos, destenderla y acomodar en el mismo sitio las sábanas y las toallas que usamos. Y, por supuesto, dejar todo en su lugar y lo más limpio posible. También debemos ayudar a cocinar y a limpiar. Salvo si la anfitriona prefiere hacerlo ella misma porque se siente más cómoda al saber que sus invitados están relajados. Si ése es el caso, es mejor no insistir.

Aunque haya servicio en la casa, debemos siempre ofrecernos a ayudar en algo.

La independencia es vital para el éxito de nuestra estancia. No esperemos que los anfitriones nos entretengan todo el tiempo; hay que tener la iniciativa de hacer actividades sin forzar a nuestros amigos a que participen. El resultado de hacerlo es que todos estarán muy a gusto. Por ejemplo, lleva tu lienzo y pinturas para pintar o tus tenis para salir a correr, etcétera.

No deberíamos llevar mascotas. Aunque tu perro esté perfectamente educado, y sea una monada, a mucha gente le incomodan los animales y más los ajenos.

Si llegamos a romper, descomponer, ensuciar o estropear algo, debemos hacernos cargo inmediatamente de reponerlo, componerlo o pagarlo. Aunque la anfitriona nos diga que no importa, hay que insistir en que nos sentiríamos muy mal si no somos parte de la solución. Es delicadeza pura.

Cuando la estancia dure más de un fin de semana en casa ajena, invitemos a nuestros anfitriones a cenar una noche fuera. Si somos varios los invitados, podemos, entre todos, compartir la cuenta, pero por ningún motivo permitamos que el anfitrión pague cuando cenamos fuera.

Reglas generales

- Lleguemos siempre con un regalo para los anfitriones o con algo de comer, como quesos surtidos, vino o pan dulce; lo que sea rico para compartir.
- No daremos nada para lavar o planchar. Salvo si hay ayuda, son varios días y la anfitriona ofreció el servicio.
- Tratemos de adecuarnos a los horarios de la familia.
- Hagamos uso discreto del baño, si éste es compartido.
- Seamos discretos con el uso del teléfono si vamos a realizar llamadas de larga distancia, veamos que carguen la llamada a nuestra tarjeta de crédito o hagámosla por cobrar.
- Si vamos a sentarnos a comer en traje de baño, tengamos el cuidado de estar secos y usar una cubierta.
- Es mucho mejor llegar al desayuno con ropa adecuada. Por muy bonitas que estén, las batas y pijamas no son apropiadas.
- El huésped silencioso y apático es aburrido.
- Seamos serviciales y ayudemos en lo posible con las labores de la casa, aunque sea sólo teniendo buenas relaciones con el personal.
- No invadamos el espacio, ni tampoco agobiemos a las personas con nuestros consejos de cómo organizar mejor cada cosa. Doña "Perfecta", don "Sabelotodo" siempre caen mal.

- Al llegar y al partir, no olvidemos saludar y agradecer las atenciones recibidas a *todos* en la casa; esto incluye a la familia y al personal de servicio.

Agradecimientos y propinas

- Antes de irnos, siempre dejemos una propina al personal, sin hacerlo notar al patrón de la casa. Cuánto dejar, depende de la duración y de los servicios prestados. Hay que usar el sentido común para determinar un monto aproximado.
- La propina se da personalmente, ya sea en un sobre con su nombre o poniéndola en una de las bolsas de sus uniformes. Si no se encuentra, déjeselo en un sobre a la anfitriona.
- No olvidemos agradecer a nuestros anfitriones por el maravilloso fin de semana que pasamos juntos. Se pueden enviar flores, fruta o un detalle que vaya bien con la casa. El detalle que elijamos debe ir acompañado con una tarjeta escrita a mano que exprese nuestro agradecimiento.

Los gastos

Cuando aceptemos la invitación, siempre hay que ofrecer (o insistir) a nuestros amigos nuestra cooperación, sugerir llevar algo o, mejor, repartir los gastos.

Cómo vestir en la playa, albercas, casas de fin de semana

Para vestir bien en la playa y en lugares tropicales hay un secreto: no romper la armonía con la naturaleza. Tratemos de elegir nuestra ropa pensando en los colores del entorno.

Por ejemplo, en la playa predominan los azules, el blanco, los verdes, los tonos arena y los colores de las flores.

Lo ideal es combinar con esos tonos y texturas nuestro guardarropa. Aquí son apropiados todos los motivos náuticos, de safari o los ecuestres. Lo mismo sucede con las joyas, olvidémonos en estos días de las piedras grandes, del cuero, el maquillaje y muchos otros elementos que rompen con el entorno.

Mujeres: lo que se lleva

- Aretes muy pequeños y discretos.
- Lentes oscuros (pueden ser de espejo).
- Pies pedicurados y uñas discretamente pintadas.
- Bikini para quien tenga buen cuerpo. Cuidado con la edad.
- Sandalias o tenis.
- Maquillaje discretísimo para la noche.
- Trajes de baño completos de rayas diagonales, verticales o lisos para quienes no se sientan de muy buen cuerpo.
- Estampados para mujeres muy delgadas.
- Prendas de fibra natural: lino y algodón.

Lo que no se lleva

- Joyería como cadenas, pulseras y aretes grandes o pesados.
- Uñas largas de los pies sin arreglar o pintadas.
- Tangas o bikinis para quienes tienen algún problema de peso.
- Traje de baño coordinado con zapatos de tacón, sandalias doradas o plateadas.
- Maquillaje en el mar o en la alberca.
- Estampados en caso de que sea gordita.
- Trajes de baño con la pierna escotada cuando hay celulitis o gorditos en los muslos.
- Fibras cien por ciento sintéticas en la ropa. Son poco frescas.

Cubiertas de traje de baño

Lo que se lleva

- Camiseta o blusa larga.
- Pareos.

Lo que no se lleva

- Camiseta corta ni velos negros largos, telas rasgadas en tiras, etcétera. Son poco elegantes.
- Cubiertas de baño como las de Vilma Picapiedra o leonescas con brillos dorados o plateados. Están fuera de lugar.

Bolsas

Lo que se lleva

- Bolsas de playa que sean de paja o de tela. No olvides guardar en la bolsa tu filtro solar, cepillo y bronceador.

Lo que no se lleva

- Bolsas de piel o de calle.

Accesorios

Lo que se lleva

- Viseras sencillas que combinen con los trajes de baño.
- Adornos sencillos en el cabello.
- Cachuchas y sombreros sencillos de paja.

Lo que no se lleva

- Viseras con propaganda.
- Accesorios de colores en el cabello porque afean.
- Sombreros muy exagerados o de un material que no sea apropiado, como fieltro, pana, lona, etcétera.

Cómo vestir de día en restaurantes (lugares tropicales)

Lo que se lleva

- Bermudas y camiseta.
- Huaraches, tenis o *top siders*.
- *Shorts*, si el lugar es muy informal y se tiene buen cuerpo. La edad vuelve a ser un factor importante.
- Faldas blancas, vestidos largos de algodón o lino.

Lo que no se lleva

- Sentarse a comer sin camisa.
- Sentarse a comer despeinado, escudado bajo el pretexto de: "Estoy de vacaciones."
- Ropa de tela sintética.

Lo que se puede o no usar de noche (en playas y lugares tropicales)

Lo que se lleva

- Zapatos de tela.
- Sandalias con o sin tacón.
- Bolsa pequeña, discreta, de tela.
- Ropa de lino o de algodón, todos los colores.

Lo que no se lleva

- Zapatos cerrados de piel. Ni blancos o de piel de colores.
- Bolsa dorada, ni de ciudad.
- Telas sintéticas que acaloran.
- Medias.
- Ropa muy pegada si no se es joven.
- Transparencias que afean.
- En la noche hay más libertad para jugar con accesorios y maquillaje.
- Sombrero de paja.

Lo que pueden o no usar los hombres

Lo que se lleva

- *Top siders* (sin calcetines) y huaraches.
- Traje de baño de *shorts*.
- Camisetas tipo polo con cuello y botoncitos, o normales de manga corta. Sencillas. Sin estampados.
- Camiseta por fuera del traje de baño.
- Trajes de baño con protector interior.

Lo que no se lleva

- Mocasines con calcetines o huaraches con calcetines.
- Trajes de baño chiquitos de nadador profesional.
- Camisetas de *basket ball*.
- Joyas o cadenas de oro.
- Camisetas de *jersey* de futbol americano.
- Camisas de manga corta de calle, abiertas con el traje de baño.
- Playeras o camisas transparentes.

Para comer

Lo que se lleva

- Ponerse la camisa, peinarse y siempre rasurarse.
- *Shorts* y bermudas con *top siders* y tenis de tela.
- Cinturón trenzado.
- Lentes deportivos, pueden ser de espejo.

Lo que no se lleva

- *Shorts* y bermudas con mocasines de ciudad.
- Cinturón de calle.

Lo que se puede o no usar de noche (continuamos con playas y sitios tropicales)

Lo que se lleva

- Pantalón y camisa de manga larga.
- Colores claros.
- *Jeans* y pantalones de lino.
- Guayabera.
- Zapato mocasín con barbitas.
- Cinturones tejidos de tela apretados.

Lo que se no se lleva

- Saco, a menos que sea un evento muy formal y así se haya requerido. Puede ser en tono claro o azul marino.
- Pantalones blancos.

- Cuadros grandes, estampados, colores fuertes, rosas, mentas, rojos.
- Usar huaraches con calcetines.
- Cinturones de piel negros.

Cómo vestir si la invitación es a un rancho o a una casa en las montañas

Lo que se lleva (mujer)

- Mezclilla.
- Sombrero tipo vaquero que puede ser de paja o piel.
- Cachuchas.
- Paliacate al cuello.
- Camiseta blanca debajo de una camisa de tono azul (mezclilla).
- Chalecos.
- Tonos del campo en la ropa: ocre, café, paja, verdes secos, blanco y azul cielo.
- Sacos de lana en cuadritos.
- Suéter de cuello de tortuga.
- Chamarras de piel.
- Motivos ecuestres.
- Botas de campo.

Lo que no se lleva

- Lentes de espejo.
- Zapatos con taconcito.
- *Jeans* con tacones.
- Nada que se vea artificial: maquillaje, joyería, peinados con *spray*.
- Viseras.
- Motivos náuticos.

- Mocasines de ciudad.
- Medias.
- Ropa de seda.

EN RESUMEN

- Si somos anfitriones tengamos todo listo.
- Hay que planear menús y actividades.
- Demos a nuestros invitados un mapa con instrucciones.
- Informemos sobre la ropa que necesitarán nuestros huéspedes para el lugar.
- Invitemos a personas que tengan algo en común.
- Respetemos el espacio de nuestros invitados.
- Estemos pendientes de todo sin incomodar.
- Si somos los invitados, ofrezcamos nuestra ayuda en la casa.
- Seamos prudentes en el uso de las instalaciones.
- Mantengamos limpia y en orden nuestra habitación.
- Seamos entusiastas y propositivos.
- Llevemos un detalle para comer o beber.
- Al regreso, enviemos una tarjeta de agradecimiento.

Las fiestas de la vida

La suprema felicidad de la vida es la
convicción de que somos amados.

VÍCTOR HUGO

¡NACIÓ MI BEBÉ!

*A*na y Juan ya tenían todo listo. La noche en que empezaron las contracciones las maletas estaban cerradas, cerca
de la puerta, como les habían recomendado mamás, tías y el curso
psicoprofiláctico.

Dudaron mil veces si ya era el momento hasta que por fin decidieron irse al hospital. En el camino, entre contracción y contracción, discutían a quiénes les iban a avisar. Recordaron que en
el curso les dijeron que lo mejor era esperarse a que naciera el bebé,
pero temían que sus papás se fueran a sentir.

"Bueno —aceptó Ana— háblales pero que no le digan a nadie más."

Por fin nació el bebé. Ana regresó exhausta a su cuarto sin-
tiendo partes del cuerpo que no imaginó tener. Le dolía todo. Y

cuál va siendo su sorpresa que al entrar, lo primero que ve es la cara de su tía Marthita, la hermana mayor de su papá.

Ana deseó regresarse a la sala de labor, pero ya era tarde.

La tía Marthita estaba incontrolable. Ya había visto a la niña en la cuna y no paraba de encontrarle parecidos: "Aunque estaba más morenita... y un poquito flacucha, quién sabe por qué. Seguro por las dietas de las jovencitas de hoy en día".

Ana y Juan no podían creerlo. Ella, de tan mareada que estaba, no reaccionaba, y Juan la miraba con ojos de furia, pero ella no tenía fuerzas para pelear.

La voz de la tía se convirtió en un murmullo lejano. Los relatos a detalle de sus siete partos, de los peligros de los recién nacidos y demás, pesaban como plomo. Toda su sabiduría sobre cómo educar al bebé retumbaba en los oídos de una pareja nerviosa y cansada que llevaba la noche entera sin dormir.

Cuando llevaron al bebé y la tía Marthita se disponía a dar su lección de cómo amamantar, Juan dijo: "Dejemos a Ana sola con la bebé", y tuvo que atender afuera del cuarto a la dichosa tía, cuando lo que él quería era estar con su nueva familia.

¿Suena exagerado? No lo es.

La prudencia es una gran cualidad que desearíamos que todas las personas tuvieran cuando se encuentran en la misma situación. Por eso, y para que no seamos imprudentes, cuando nos avisen que nació un bebé:

• Esperemos un día para ir al hospital, a menos que seamos los abuelos, los hermanos de la pareja o los futuros padrinos.
• Cuidemos a qué hora llamamos por teléfono. Ni antes de las nueve de la mañana ni después de las ocho de la noche. Si nos dicen que está el doctor ahí, colguemos de inmediato.
• Si enviamos flores, que no sean aromáticas. Además, preguntemos si en el hospital las permiten o no.

- Hagamos visitas agradables, cortas. Podemos llevar un regalo de ropa, juguete o cualquier cosa para el bebé. Recuerdo que cuando nacieron mis hijos, una amiga preparaba con todo cuidado una canasta con todo lo necesario para el cambiador. Ella elegía el cesto, lo adornaba y ponía en perfecto orden todo lo que yo iba a necesitar al llegar a casa. Han pasado mucho años y todavía tengo la imagen de la canasta y, además, aún agradezco lo útil que fue. No le faltaba nada.

- Si eres quien acaba de tener un bebé y te sientes incómoda o deseas estar tranquila, que no te dé pena pedirlo, con amabilidad.

- Cuando estemos de visita y entre el doctor, una enfermera o notemos que el cuarto está lleno, salgamos de inmediato.

- A menos que nos pregunten, no demos consejos eternos a los nuevos papás, tampoco los aburramos con nuestros relatos personales de partos y demás.

- Muchas veces los hombres sólo pueden hacer la visita al salir de trabajar. A esta hora la mamá está muy cansada, por lo que la visita debe ser más corta.

- Seamos sensibles. En los hospitales se requiere silencio. Estemos seguros que siempre hay alguien sufriendo cerca y el ruido resulta molesto para ellos. Para platicar, la cafetería.

- Cuando la visita sea en la casa, hablemos primero y preguntemos si podemos ir. No porque la nueva mamá esté postrada en su hogar, tenemos derecho a invadirlo.

- Las visitas en la casa también deben ser breves y por ningún motivo el día que salen del hospital.

- Seamos útiles. Antes de hacer la visita preguntemos si se le ofrece algo a la pareja. Si hay niños, ofrezcámonos a entretenerlos un poco. Y si hay un hermanito, que por lógica está celoso, llevémosle un regalo, es la mejor idea.

- Si estamos enfermos o con sospecha de gripe, es mejor no visitar a nadie y explicarlo por teléfono.

- No llevemos a nuestros hijos, a menos que sean amigos del hermanito del bebé.
- ¿Quiere cargar al bebé? Pida permiso y lávese antes las manos.
- Es muy buen detalle hacer un pequeño regalo a los papás. Desde una tarjeta hasta un libro.
- Ah, y si eres el flamante papá, por favor: regálale algo a la mamá. Un enorme arreglo de flores (no aromáticas) para empezar. Y de ahí en adelante, lo que puedas y quieras. Pero, sobre todo, entrégale toda tu comprensión, tu cariño y tu solidaridad. Aprende a disfrutar de tu bebé y a ayudar. Hoy en día casi todos los nuevos papás saben ser un poco mamás, lo que se agradece. La experiencia vale la pena.

Cuando una llega a la casa, toda adolorida y llena de nuevas y desconocidas emociones, al ver el moisés con el rozagante bebé, uno se pregunta quién va a cuidar a quién. Es una exageración, pero lo cierto es que se siente un gran descontrol que poco a poco se supera.

Conozco a una pareja que justo el día que salieron del hospital, recibieron en la tarde la visita del que se quedó hasta altas horas de la noche para festejar con el marido. El bebé se puso muy inquieto y la nueva mamá estaba muy enojada. Cuando nos avisen que nació un bebé, debemos pensar qué pueden querer y sentir los nuevos papás, y actuar en consecuencia.

BAUTIZOS

La llegada de un niño al mundo es motivo de total y plena alegría y, si los papás son católicos, el primer compromiso social del pequeño será el bautizo.

Los bebés, generalmente, son bautizados entre el mes y los tres meses de nacidos.

Para elegir la fecha es importante considerar la salud de la mamá. Ella se merece gozar el bautizo y tener el menor trabajo posible porque ya será suficiente con encargarse del bebé.

Los bautizos pueden ser privados o públicos. Cada vez es más difícil conseguir un sacerdote que oficie en privado para una familia. De ahí que se hayan hecho los bautizos comunitarios en las iglesias.

Después de la ceremonia, la familia puede hacer una reunión en privado con los parientes cercanos y los amigos que querrán llevar regalos como: medallas, cruces o alguna pequeña joya que conserven como recuerdo para siempre.

Algunas personas prefieren regalar ropa, adornos para el cuarto del bebé o juguetes educativos, todo está bien; lo importante es mostrar nuestro afecto.

Los bautizos pueden ser a distintas horas. A veces son por la mañana y después se organiza un almuerzo o una comida. Otros son en la tarde y después se hace un coctel o una cena.

Es muy importante que los padrinos de bautizo sean personas muy cercanas al bebé. Idealmente, familiares o amigos íntimos. Es un error elegir padrinos que todavía sean novios, ya que a lo mejor no se casan entre sí, o gente con la que estamos comprometidos por el trabajo. El bebé jamás los volverá a ver y la idea original del padrino y la madrina implica un compromiso, que no sólo tiene que ver con la educación religiosa, sino con cuidar de ese niño o niña en todos los aspectos de la vida.

Los papás invitarán a los elegidos a ser padrinos, ya sea antes o después del nacimiento y, como todo en la vida, cada quien tiene un estilo y un momento para decirlo. La emotividad dependerá de la imaginación de las personas y de su capacidad para transmitir sentimientos.

Una amiga mía me contó que su hermana y su cuñado los invitaron a cenar y estuvieron especialmente cariñosos. Después de la sobremesa vieron juntos el video de cuando acababa de nacer su hija y, en el momento más emotivo, les dijeron: "La que acaba de nacer es su futura ahijada." Fue maravilloso.

De cualquier forma que se los pidan, los padrinos se sentirán muy honrados y comprometidos. A partir de ese momento no sólo surge un "compadre" sino un amigo más cercano y querido. Pueden elegirse matrimonios, o uno de cada pareja, no importa.

Los padrinos regalan una medalla o cruz, que el bebé usará el día del bautizo para que el padre la bendiga, así como la vela, un bolo que ellos escogen y una tarjeta con la fecha, el nombre del niño, de los padres y de los padrinos. También pueden dar como bolo algún pequeño regalo.

Hay que intentar ser originales, buscar algo sencillo, memorable y, de ser posible, que pueda ser útil o decorativo, como: una plantita, un pastillero, unos chocolates. Si el recuerdo no es útil terminará arrumbado en un cajón, y es un gran desperdicio de dinero.

Los padrinos deben ponerse de acuerdo con los papás para saber cuántos bolos y tarjetas llevarán. Es recomendable ponerlos en una canasta adornada o en una charola para que luzcan y facilite la repartición.

Los bebés irán vestidos de blanco, con un ropón. Algunas familias guardan el ropón desde el abuelo, otras prefieren hacerlo para cada bebé y otras, simplemente, lo compran. Es cuestión de tradiciones.

Los bautizos, por lo general, son en casas y jardines privados, en un lugar donde el bebé pueda descansar sin interrumpir ni su sueño ni sus horarios. Es necesario que la mamá tenga un cuarto donde pueda darle de comer en privado, dormirlo y cambiarlo.

La gente debe intentar excitar lo menos posible al bebé, que de por sí estará nervioso. Es un martirio para la mamá quedarse encerrada calmando a un niño ansioso en lugar de poder estar en la fiesta. Por eso, es recomendable conseguir a alguien que ayude con el bebé ese día tan especial.

Si los bautizos son por la mañana asisten niños: primos, hijos de los amigos, vecinos. Los padres, por lo general, son jóvenes y sus amigos también, por lo que abundarán menores de seis años. Por eso es ideal acondicionarles un lugar para que jueguen, así como preparar un menú para ellos. De ser posible lejos del bebé.

Los padrinos no están obligados a dar regalos a los otros hermanos del niño. En Navidad y en su cumpleaños deben enviarle un regalo al ahijado y, a veces, en su santo.

Cómo vestirse

Los bautizos, por lo general, son formales, aunque eso depende de los papás del bebé; sin embargo, si ése es el caso, un traje sastre en tono claro y de corte clásico es lo apropiado para las mujeres. Los hombres pueden vestir una combinación con *blazer* o un traje en tono claro.

Gastos a considerar

Para los papás: iglesia, padre, música en la iglesia, música en la fiesta, comida, mesas, sillas, carpas, vinos, flores para la iglesia y la casa, video, fotógrafo y ropón.

Para los padrinos: medalla o cruz, bolos, tarjetas, vela.

Las invitaciones a los bautizos pueden ser escritas o por teléfono, y las hacen personalmente los papás del bebé.

El certificado de bautizo debe guardarse en un lugar seguro y, como a todos los documentos oficiales, es importante sacarle una copia fotostática. En la iglesia guardarán un certificado, sin embargo, es mejor tener el propio ya que, cuando llegue el momento de que el hijo se case, será solicitado para la boda religiosa. Uno nunca sabe lo que puede suceder en tantos años, hay iglesias que desaparecen.

Los bautizos pueden ser desde algo muy pequeño e íntimo hasta un gran festejo.

Hay bautizos de veinte invitados y otros de 300. Con meseros, carpas y grupos musicales, o con un trío y tacos de canasta.

Lo importante del bautizo es que se trata de la bienvenida al mundo para el recién nacido, y aunque él no recordará nada de esta fiesta, sus seres queridos cercanos sí lo harán. Por eso es bueno elegir una fecha en la que todos los que importan puedan asistir y una manera de llevarlo a cabo de acuerdo con la forma de ser de los papás.

Procuremos entonces, al planear el bautizo, pensar cómo puede vivirse y disfrutarse más.

PRIMERA COMUNIÓN

Los niños católicos hacen su primera comunión entre los siete y los once años. Este rito implica recibir el sacramento del cuerpo de Cristo a una edad en la que los niños ya pueden prepararse para entender y aprender más sobre su religión. Algunos chicos se preparan en el colegio, otros en su parroquia y, los menos, con instrucción particular.

Tradicionalmente las primeras comuniones se llevaban a cabo en conventos, donde las religiosas se encargaban de todo: preparaban al niño, cantaban durante la misa en su pequeña iglesia y, después, servían un delicioso desayuno compuesto por jugo de naranja, bizcochos, tamales y chocolate. Las cosas han cambiado. Hoy, este tipo de eventos pueden ser privados o en comunidad;

lo cierto es que cada día es más difícil conseguir a un padre que dé la comunión a un solo niño o a dos. Además, cada vez más papás y educadores en la fe comprenden e insisten en que, como su nombre lo indica, comunión implica comunidad, por lo que debe realizarse en grupo.

De cualquier manera hay cosas que siguen sucediendo.

- El niño o la niña eligen a sus padrinos. A veces sólo se solicita madrina, otras sólo padrino; y otras más, a ambos.
- Es un honor y un compromiso ser elegido, ya que es el niño (a) el que elige.
- Los padrinos regalan una medalla o cruz, un bolo y una tarjeta con los datos de los padres, los padrinos, el nombre del niño, la fecha y el lugar en que se llevará a cabo la comunión.
- Los padres, idealmente, deberán llevar la vela del bautizo, símbolo del inicio de la fe para volver a encenderla en la comunión.
- Los niños deben estar preparados, saber a lo que van y qué deben hacer. Se les debe insistir en el sentido de la celebración e intentar que la fiesta no los distraiga de la profundidad espiritual que van a vivir.
- Los niños, por lo general, se preparan en el colegio y es común que los padres de familia también tomen un curso con las catequistas que preparan a sus hijos.

Los niños, para su primera comunión, se visten con una túnica blanca muy sencilla o con un saco azul marino, pantalón gris y suéter cerrado blanco o camisa. Algunas veces llevan una cruz de madera, pero esto varía según la tradición familiar.

Los padres arreglan la iglesia, se encargan desde comprar las flores hasta la preparación de las ofrendas. Es muy importante su participación.

En muchas comuniones actuales, la fiesta se hace en un jardín y se dividen las mesas de los niños de las de los adultos. Hay
que tener claro que la primera comunión es una fiesta del niño
o de la niña por lo que los papás debemos invitar a más chicos
que adultos.

Antes, las mamás de todos los niños siempre estaban invitadas.
Ahora, gracias a Dios, ya no es tan común si el festejado no es muy
cercano. Esto simplifica todo.

Las comuniones se han vuelto prácticas y, muchas veces, hay
dos tipos de desayunos. Uno especial para papás y otro para los
niños que consiste en una especie de "cajita feliz" con comida sencilla, especial para ellos, lo que funciona muy bien.

Las mesas del desayuno pueden decorarse con algún motivo
alusivo al evento. Los arreglos pueden ser hechos de pan, espigas,
uvas, etcétera.

Si se quiere festejar en grande, puedes contratar un servicio de
animadores profesionales que organizan juegos para los niños. Estos
grupos aparecen en la *Sección amarilla* y son muy eficientes. Llevan una serie de actividades planeadas y premios para los concursos. Los niños se la pasan de maravilla y los papás se olvidan de
ellos por un buen rato.

Hay, también, quienes contratan puestos y juegos de feria. Es
cuestión de presupuesto. Como adultos debemos hacer sentir al
niño o a la niña que lo importante no está en el tamaño de la
fiesta, sino en el hecho de recibir por primera vez la comunión,
que simboliza el cuerpo y la sangre de Cristo.

Creo que sobra decir que los niños invitados deben ir muy
arreglados. El niño debe saber que asistirá a un evento especial y
que por eso lo visten y lo peinan de forma especial. Creo que in-
culcarle a los pequeños el orden, la limpieza y la pulcritud al vestir
(en la medida de lo posible) es inculcarles un valor. ¡Qué grato
es ver a una familia donde tanto los papás como los niños se ven

peinados, con ropa planchada y limpios! Por el contrario, qué mala impresión da toda la familia sucia y desaseada, pareciera que así está todo lo que los rodea.

Gastos a considerar

Padres

- Iglesia y padre.
- Música.
- Video y fotos.
- Fiesta: mesas, sillas, carpas, música, comida, pastel, bebida, meseros (depende del tamaño de la fiesta).
- Flores para la iglesia y la fiesta.
- Vestido de la niña o traje del niño, y vela.

Padrinos

- Medalla o cruz.
- Bolos.
- Tarjeta.
- Regalo para el ahijado (a).

VESTIR

Desayuno o comida formal para bautizo o primera comunión

Mujer

Sería adecuado un traje sastre o un vestido en color medio oscuro a claro. La tela debe ser apropiada para el día, como: lana, algodón, lino, gabardina. Hay que evitar telas que son para tarde o noche, como: crepé, seda, *shantung, moirée,* etcétera.

Accesorios: muy pocos y discretos: aretes pequeños pegados a la oreja, un anillo en cada mano y una pulsera sencilla, quizá un collar de perlas, un cadena, etcétera.

Maquillaje: casi imperceptible en el desayuno y discreto en la comida.

Peinado: arreglado muy natural.

Zapatos: tacón mediano o de piso.

Loción: ligera y fresca.

Bolsa: mediana o pequeña.

Hombre

Traje: de cualquier color, menos café o negro, dependiendo de la formalidad del desayuno.

Camisa: de cualquier color clásico, como azul claro, blanca, de rayas delgadas, de cuadros muy pequeños, etcétera. Evita las de colores chillantes y, por supuesto, las negras.

Corbata: la que quieras, sólo que sea de una fibra natural.

Accesorios: zapatos, calcetín liso y bien estirado hasta la mitad de la pierna, reloj discreto y argolla de casado (si es el caso). Todo lo demás sobra, como: cadenas, anillos con escudos, pisacorbatas, etcétera.

Si el desayuno es formal puedes vestir de combinación, zapatos mocasín, camisa de botoncitos, calcetín de estampado discreto y *blazer* o chamarra.

Loción: pocas cosas tienen un efecto de conquista inmediata como el que el hombre huela rico. Es muy agradable.

FIESTAS INFANTILES

¡Qué ilusión la primer fiesta de nuestros hijos! Creo que todos tenemos fotos del primer cumpleaños.

Es muy probable que hayas comprado sólo un pastel, platitos y vasos coordinados con el personaje de moda para festejarlo, cuando de pronto ves aparecer a los abuelitos, las tías, primos, etcétera, para lo que no estabas preparada. No te preocupes, todos pasamos por eso.

Después, mientras más crecen los niños, las fiestas infantiles necesitan mayor organización y destreza.

Creo que de acordarme, todavía me dolerían los pies de la cantidad de vueltas que daba, y la sensación maravillosa al cerrar la puerta cuando salía el último chaparrito con la mamá que no dejaba de platicar al final.

Las fiestas infantiles son todo un reto que vale la pena afrontar. El recuerdo que queda en nuestros hijos es imborrable. Se sienten los reyes por un día y los preparativos los llenan de ilusión.

¿Cómo son nuestras fiestas?

Se organizan ya sea en su casa, en la casa de los abuelos, en el parque, en un restaurante o en un salón de fiestas. Deben ser muy alegres, llenas de colores, de sonrisas, una que otra lágrima y uno que otro chichón.

¿Qué se necesita?

- No puede faltar la piñata, llena de dulces y regalos, con la que a veces lloran los más chiquitos y la rompe el primo fortachón antes de tiempo. Tampoco olvides las bolsitas para los dulces.

- Un regalo muy sencillo para darles a los niños al finalizar la fiesta. Un animalito es ideal para los niños, no tanto para las mamás. Puede ser un pollito, una tortuguita, un pescado o un patito. Sirve para educar al niño en su cuidado.
- Platos, vasos y manteles ilustrados con el personaje favorito del festejado.
- Alquilemos mesitas pequeñas, adecuadas para los pequeños.
- Botanas para poner en las mesas donde estarán los papás. Si la fiesta es muy grande, alquilemos mesas y sombrilla. Podemos también contratar meseros.
- Una cuerda y un palo para la piñata.
- Adornos para el cuarto o el jardín, como globos, serpentinas y muñecos.
- Premios para los concursos. Si queremos —y podemos— es buenísimo contratar animadores profesionales que organizan los más variados y divertidos juegos.
- A los niños les encanta ver un pequeño espectáculo de títeres, cuentacuentos, mago o payasos; si podemos, es bueno que no falte.

Las fiestas infantiles pueden ser entre semana, después de las horas de colegio, o en fin de semana.

Cada cual elige. La ventaja de hacer la fiesta entre semana es que se pueden poner de acuerdo varias mamás y llevarse a todos los niños juntos. A estas fiestas van menos adultos.

En los fines de semana sale mucha gente y no siempre todos los invitados pueden ir. Por otro lado, la fiesta puede alargarse y tener más invitados sorpresa que se quedan cuando van a dejar o a recoger a los niños. Si no le importa al anfitrión, no hay problema, pero hay que tomarlo en cuenta.

Para convocar a las fiestas infantiles se da una invitación, preferiblemente escrita por el niño, a los amiguitos del colegio o a los vecinos. Después se confirma por teléfono porque es probable que la pierdan o no se la entreguen a la mamá y aparezca el viernes apachurrada en la lonchera o en la mochila. En esta invitación debe estar escrito el nombre del niño, la dirección, el teléfono, la fecha y la hora de la fiesta —para dejarlos y recogerlos—. Es mejor poner una hora más temprano de cuando quieras que vayan por ellos. Muchos papás llegan tardísimo por los niños y los pobres anfitriones ya están agotados.

A los primos, abuelos y tíos se les invita por teléfono con una o dos semanas de anticipación.

Si quieres contratar un *show* que esté de moda, hazlo con mucha anticipación. Hay quienes tienen que organizar la fiesta de acuerdo con la agenda del actor.

El pastel es importantísimo. Hay pasteles con formas muy creativas y además son deliciosos. Mientras más participe el niño en su elección, mejor.

Las tradicionales velitas son indispensables. Pocas cosas hacen tanta ilusión al niño como apagarlas, después de haber pedido un deseo secreto, rodeado por sus seres queridos.

Es bueno que las velas lleguen prendidas a la mesa.

Los regalos

Algunas personas prefieren que los niños abran sus regalos hasta llegar a su casa para que nada se pierda, y no se haga basura. A mí me parece muy importante que el niño que regala vea la cara de gusto del que recibe. Creo que si nos organizamos, se pueden abrir los regalos en la fiesta, luego recogerlos y guardarlos para que sobrevivan a la celebración.

Además, nuestros niños aprenderán a agradecer en el momento, ya que es muy difícil ponerlos a llamar por teléfono a todos para agradecer el presente un día después.

Si la fiesta es en temporada de lluvias, vale la pena prever dónde meteremos a todos los niños y, si de plano no se tiene un lugar adecuado, hay que pensar en un salón infantil.

Dado lo práctico de estos lugares, cada vez es más frecuente utilizarlos. Ellos se encargan de todo: la comida, los refrescos, los juegos, la piñata, el *show* y demás. Tienen una cuota por niño y listo. La fiesta no es tan personal, pero es mucho más descansada y a los niños les gusta mucho.

Lo que queda de la fiesta es el recuerdo y el cariño que ponen los papás para consentir y demostrar su amor a sus hijos.

Elije la mejor opción. Cuida los detalles, piensa en tu hijo antes que en nadie y enséñalo a disfrutar la alegría de compartir con los amigos. Otra cosa, no olvides tomar muchas fotos y video, estos momentos pasan muy rápido y no vuelven, y por último, diviértete lo más que puedas.

FIESTAS DE QUINCE AÑOS

¿Quién no recuerda a las quinceañeras vestidas de rosa pálido o de blanco, peinadas de salón y maquilladas, bajando por unas escaleras de alfombra roja, rodeadas de sus galantes chambelanes?

Escuchamos a los mayores platicar lo divertidos que eran los ensayos del vals.

Las fiestas de quince años con chambelanes, aunque cada vez menos, siguen organizándose hoy en día y se llevan a cabo casi igual a las de nuestras abuelas. Es cierto que son pocas las familias que continúan con la tradición, pero todavía se dan.

Las fiestas "modernas" de quince años son diferentes. Hablemos de ellas.

Algunas celebraciones de hoy empiezan con una misa a la que van sólo los familiares más cercanos y los amigos íntimos. Algunas quinceañeras entran a la iglesia del brazo de su papá o de su padrino, y prefieren tener lugares con reclinatorios al centro, frente al altar. Otras no hacen entrada especial y se sientan en las bancas con sus papás. Incluso hay chicas que no organizan misa ese día.

La fiesta puede ser en una casa, en un "antro" (como dicen ellas), en un jardín o —si es comida— en un rancho.

¿Quiénes van?

Niños y niñas de trece a dieciséis años, cuando mucho de diecisiete. Porque, como dicen las quinceañeras: "A los más chicos no los dejan ir y a los más grandes les da flojera."

Los papás llevan y recogen a sus hijos a estas fiestas y, para que sea más práctico, hay quienes hacen rondas. Es importante enseñarles a saludar y a despedirse de los papás si se da el caso.

Algunos papás están invitados a la fiesta y se quedan platicando con los papás de la quinceañera, en un espacio distinto al que están los jóvenes. Cualquier intento de acercamiento se califica de espionaje.

¿Cómo se visten?

En algunos boletos dice "formal", pero aun así nunca falta quien llegue en *jeans* o en fachas; como tampoco faltan los de traje y corbata, demasiado arreglados, cuando dice "informal". No tiene mayor importancia.

En realidad, creo que los adolescentes buscan y necesitan vestirse como lo hace el resto de su grupo.

Tanto niñas como niños se preocupan mucho por su apariencia. A ellas, por su edad, les da o por la sencillez total o por agrandarse con peinados rebuscados y pintarse mucho. Es importante inculcarles, hasta donde sea posible, el sentido de la estética y de lo que comunican con su imagen. Parte de la rebeldía normal de esta edad la manifiestan en la ropa y es importante que los papás lo entendamos así y no entremos en pánico.

También es básico respetar sus gustos y entender que quieran estar a la moda, aunque a nosotros nos parezcan horribles algunas cosas que usan.

¿Cómo invitar?

A los papás que están requeridos se les invita por teléfono y lo puede hacer la niña o la mamá. A las amigas y amigos se les dan boletos: el suyo y algunos más para que inviten a quien quieran. El chiste para la festejada es llenar la fiesta. Esto ocasiona que a veces la situación se salga de control y llegue una avalancha de personas, lo que no es tan grave para la quinceañera como sería que no llegaran los invitados a su fiesta.

Los boletos se reparten con quince días de anticipación. Se mandan hacer con un diseño creativo para que, como ellas dicen: "se antoje la fiesta". Entre más original y fuera de lo común sean, mejor.

Algunos ejemplos

Las pulseras que dan en los hospitales. En la etiqueta le ponen el nombre de la niña, el lugar y la hora de la fiesta.

Otro diseño divertido es poner los datos en envolturas de chocolates en lugar de la marca del mismo, envoltura de palomitas, un disco compacto, un globo, todo esto con el nombre de la niña y los datos de la fiesta impresos.

Ese día, como papás, debemos hacer acopio de paciencia, ya que la festejada estará muy nerviosa, irritable y llorará por cualquier cosa.

La hora

Si la fiesta es muy grande y es en una casa particular es recomendable contratar seguridad, así como acondicionar los baños de hombres y mujeres por separado y tener a alguien a su cargo.

La comida en estas fiestas es, por lo general, sencilla. Muchas veces hay sólo tacos, comida mexicana o *sushi*.

En algunas fiestas dan platos y vasos de plástico, muy informal. En este caso hay que poner grandes botes de basura estratégicamente colocados, con la esperanza de que los jóvenes los usen, o estar preparados para encontrar al día siguiente todos los vasos y platos tirados en el jardín. En otras fiestas alquilan vajillas más formales y vasos de vidrio. Depende del gusto de los anfitriones y del lugar.

La mesa se puede adornar con un pequeño arreglo de flores en el centro o con canasta de dulces que resultan muy prácticas.

Cuando la fiesta es en un "antro" se sirven bocadillos y botanas.

A muchas familias les gusta continuar con la tradición de que el papá le dirija unas palabras a la hija. Recuerdo una ocasión en que un señor me llamó para preguntarme qué le decía a su hija en la fiesta de quince años. Mi respuesta, por supuesto, fue que dijera lo que le saliera del corazón: hablarle, quizá, de su niñez y de lo que significa entrar a una nueva etapa. También de lo que se espera de ella en el futuro. Son sólo ideas, ya que esto es personal.

El alcohol

En la mayoría de las fiestas de quince años se sirve alcohol. Tristemente, ahora los jóvenes se salen de una fiesta en la que no haya alcohol. Se ha convertido en un requisito. La bebida preferida de los jóvenes de esta edad es la cuba. Y es fundamental cuidar cuánto vamos a dar, porque hay muchos jóvenes que no saben tomar

y pueden llegar a sentirse muy mal. Podemos preparar grandes vi-
troleros con cuba, lo que será práctico y garantizar que la bebida
sea ligera.

Como papás tenemos que ir enseñando a nuestros hijos e hijas
a manejar el alcohol para evitar riesgos.

Muchos adolescentes creen que impresionan a las niñas y a
sus amigos si los ven tomar, pero lo cierto es que casi siempre se
vuelve una experiencia desastrosa para todos.

La música

La música es indispensable para el éxito de una fiesta de quince
años. La festejada decide a quién contratar en caso de que sea música grabada, que es lo que hoy más se usa.

Hay compañías que están muy organizadas y con gran profesionalismo se encargan de la música. Algunas, incluso, tienen animadores que enseñan qué pasos hacer y demás, lo que levanta
mucho el ambiente de la fiesta. Estas compañías proveen también
luces con efectos de discoteca y cuentan con servicio de video.

El vals

Algunas quinceañeras siguen bailando el vals, como tradicionalmente se ha hecho. Aunque seguramente estén muertas de la pena
y muy nerviosas, primero bailan con su papá y sus hermanos, para
luego hacerlo con un tío querido o con su padrino. Después pasan todos los demás a la pista. Aunque hay quienes prefieren sal-
tarse este paso.

Detalles que cuidar

Si eres joven, la idea de ir a una fiesta es, por supuesto, divertirse. Sin embargo, hay que cuidar, además del alcohol:

- Que no se den escenas de amor, que incomoden a los demás.
- Chistes o groserías que se pasen de tono, sobre todo en voz alta.
- Respetar los lugares marcados como privados en la casa.
- Evitar provocar un pleito.
- Tirar los vasos en el basurero.
- Saludar a los papás y a la niña de la fiesta, aunque no la conozcamos. Es de buena educación.
- Llevar un regalo si somos muy amigos o familiares de la festejada.

GRADUACIONES

Las graduaciones de preparatoria se han convertido en eventos de suma importancia para los jóvenes y de alto costo para los papás. No cabe duda que se trata de un día muy importante para quien se gradúa y debemos darle la importancia y el ritual que merece.

Para festejarlo hay a quienes les gusta hacer una fiesta o se organizan y prefieren irse de viaje a alguna playa. Pero, por lo general, las graduaciones se organizan en salones para fiestas.

La cantidad de gente varía según el tamaño de la generación.

Cada estudiante tiene derecho, como mínimo, a diez boletos que la familia pagará. A veces pueden solicitar más y hacer dos mesas, pero tendrá un costo extra.

Las invitaciones son individuales y cada joven las reparte formalmente.

Invitan a sus papás, a sus hermanos con pareja, a los abuelos y a la pareja del graduado (a).

Se suele invitar a algunos maestros, directores y, por supuesto, al padrino de la generación.

Antes de la graduación algunos jóvenes organizan un brindis en casa de alguno para después ir a la misa de graduación.

Cómo vestirte

Por lo general son de etiqueta rigurosa o traje negro y vestido de noche, si es cena. De coctel, aunque hay muy pocas graduaciones de día, si fuera el caso, los hombres deberán vestir de saco y corbata oscura, y las mujeres de vestido o traje sastre.

Comida y bebida

El menú de la cena lo eligen por mayoría de votos. Se presentan varias alternativas y los jóvenes deciden.

En cuanto al alcohol, cada graduado lleva las botellas de vino para su mesa y lo que quiera para antes y después de la cena: ron, whiskey, anís, cognac, etcétera.

Al terminar de cenar, algunos presentan el video de la generación y después los graduados bailan con su papá o mamá. Luego con su pareja y los demás entran a la pista.

La fiesta, por lo general, dura hasta la madrugada. Después se van a casa de alguno a desayunar chilaquiles o pozole que alguna "santa" mamá haya preparado.

Por cierto, si te invitan a una graduación, confirma tu asistencia con anticipación y manda un regalo al graduado.

LA NAVIDAD, UN MOMENTO MÁGICO EN LA MEMORIA

¿Por qué los recuerdos que conservamos mejor y durante más tiempo son los de la niñez? ¿Por qué la memoria no almacena todo lo que nos ocurre y sólo guarda una parte de lo vivido? La memoria es una facultad misteriosa que conserva imágenes y sensaciones a través del tiempo. Todavía se desconoce cómo opera el proceso de selección que realiza esta facultad humana.

En algunas personas de edad avanzada observamos cómo pierden lo que se denomina "memoria reciente", por lo que no recuerdan detalles cotidianos como lo que comieron el día anterior. Sin embargo, hay cosas que nunca olvidan y siempre recordarán con extraordinario detalle, y éstas son las experiencias de la infancia, los pasajes agradables de la vida, las fechas especiales dentro de las cuales no puede faltar la navidad.

Cómo olvidar la puesta del árbol en familia, la casa iluminada, la música navideña, sentarnos a la mesa engalanados y no como un mero acto social de vanidad, sino para celebrar que se está con quien queremos, que estamos juntos y para tomar una copa de vino por el motivo de que es navidad. Por supuesto, no olvidamos tampoco la maravillosa ilusión de encontrar los regalos bajo el árbol al día siguiente.

Los recuerdos fueron alguna vez el presente y, aunque no tuvimos la intención de atesorarlos, se convirtieron, poco a poco, en materia para rememorar.

La época navideña es ideal para crear buenos recuerdos. Sin embargo, muchas veces sólo la paladeamos y no la saboreamos porque estamos totalmente inmersos en las prisas del consumismo. Ritualizar estos momentos familiares defiende lo perdurable frente a lo novedoso, cambiante y efímero.

Nuestro reto es superar el desinterés, la comodidad y el ajetreo en el que vivimos, para poder crear momentos mágicos, y que éstos se guarden en la memoria de los que queremos. Por este motivo, los adultos podemos ayudar conscientemente a nuestros hijos "creándoles" momentos que recuerden en el futuro; y esto lo lograremos si hacemos una sola cosa: ritualizar las fechas importantes.

¿Qué podemos hacer para que el 24 de diciembre sea inolvidable?

Detalles muy sencillos

- Iluminar la casa y arreglarla lo más alegre y navideña posible. Llenarla de flores, velas, la corona de adviento y, por supuesto, el árbol y el nacimiento.
- Poner y decorar la mesa con lo mejor que tengamos. Hay tradiciones como bordar el mantel con los nombres de cada miembro de la familia. A los niños les da ilusión ver su nombre escrito.
- Buscar la manera de sentar a los niños en la mesa de los grandes, para hacerlos sentir importantes y que a la vez compartan el sentimiento de unión y familia.
- Pedir a toda la familia que se esmere en su arreglo para ese día. Se trata de un evento especial, no es cualquier cena, y los niños deben comprenderlo desde pequeños.
- Hacer un brindis especial en el que agradezcamos el hecho de estar juntos. Es importante buscar que cada uno diga unas palabras sobre lo que piensa de la navidad, de la familia o de lo que significa el año transcurrido en su vida. Es algo que quizá cueste trabajo, pero si lo hacemos de corazón el tiempo se congelará y provocaremos una atmósfera de unión y fraternalismo muy valiosa.

- Festejar con el menú tradicional, como puede ser: ponche, un rico consomé, bacalao, un pavo al horno, puré de camote, manzana o castañas, romeritos y dulces y galletas navideñas.
- La música, como en cualquier fiesta, es muy importante. Aunque no se puede escuchar todo el tiempo música navideña, por lo menos hagámoslo al principio del evento para marcar el ambiente.

Las tradiciones familiares completan el cuadro de nuestras vidas, ya que en la memoria se guarda el pasado para explicar el presente, y vale la pena hacer el esfuerzo para conservarlas; ya que todos los bienes materiales que leguemos a nuestros hijos pueden terminarse en cualquier momento, pero la herencia espiritual y las buenas vivencias serán su patrimonio para siempre.

Los regalos

¡Vaya tema! Recuerdo que cuando era niña todos nos dábamos regalos a todos. No cabe duda que la economía actual ha complicado este reparto. Hoy en día prácticamente no conozco a ninguna familia que no se regale por intercambio. Facilita la vida. El único que no participa es Santa Claus, por obvias razones.

Los regalos son divertidos y siguen llenando de ilusión al más maduro.

Hay que hacerlos con criterio, poner un límite de precio (arriba y abajo) y tratar de regalar lo que más pueda gustarle a quien nos tocó. Muchas veces lo mejor es preguntar.

Si sabemos que irá algún invitado nuevo a la cena, pensemos en ella o en él y tengamos un detalle que lo hará sentirse integrado.

Si quedamos en no dar regalos, por favor, no hagamos trampa. El romper los acuerdos hace quedar mal a los demás.

En navidad es común que también demostremos nuestro cariño o reconocimiento con un regalo a los amigos, clientes, maestros, doctores, jefes, compañeros de trabajo, personal de servicio. Estos regalos no son por intercambio y mi recomendación es elegir algo original y memorable, adecuado a nuestro presupuesto. Cuando caemos en dar lo que todos dan, podemos estar seguros de que nuestro regalo pasará desapercibido.

Acompañe siempre sus regalos con una tarjetita cariñosa, un beso y un abrazo.

El momento de los regalos es para todos emocionante, sobre todo para los niños. Comparto contigo una costumbre de familia, la que nos da muy buen resultado.

En un sillón individual de la sala se sienta cada miembro de la familia para recibir su regalo. Lo van haciendo por edades, empezando por el más chiquito, para terminar con el mayor. ¡No sabes la ilusión que representa para los niños sentarse en el sillón de los regalos!

Se comisiona a dos primos mayores para que recojan la basura en cuanto el regalo se abre, así la casa no queda como zona de desastre.

Esto lo hacemos antes de cenar, por los chiquitos que se duermen temprano. Además, ha sido una maravillosa fórmula para que los chicos dejen cenar tranquilamente a sus papás.

Cómo vestir

Hay que respetar la costumbre de la familia o de los amigos con quienes vayamos a estar. Si es informal, aplica lo dicho para cenas informales, si es formal, aplica lo dicho para cenas formales. Pero vayamos como vayamos, tomemos siempre en cuenta que la navidad es una ocasión muy especial y se presta para que pongamos también un toque distinto en nuestro arreglo.

BAUTIZOS. EN RESUMEN

- Pueden ser comunitarios o privados.
- La fiesta generalmente es privada, en casas, salones o jardines.
- Para elegir la fecha es esencial considerar el estado de ánimo y la salud de la mamá.
- La fiesta será en un lugar donde el bebé pueda descansar y comer en paz.
- Es importante que los padrinos sean personas muy cercanas.
- Los padrinos regalan un bolo, una tarjeta con la fecha y una medalla o una cruz.
- El bebé irá vestido con un ropón blanco.
- Las invitaciones son personales, por teléfono.

FIESTAS INFANTILES. EN RESUMEN

- Las invitaciones son tarjetas con motivos infantiles. El niño las reparte en su escuela y después se confirma la asistencia por teléfono.
- A la familia se le invita por teléfono.
- Llevemos un regalo a las fiestas infantiles.
- Los salones infantiles son prácticos, pues en ellos hay personal que se encarga de todo.
- Cuando hagamos la fiesta en nuestra casa, acondicionemos un espacio en el que no nos importe que los niños corran y brinquen.
- Seamos claros en la hora en la que queremos que recojan a los invitados. Y si nuestro hijo es el invitado, lleguemos puntuales por él.

PRIMERA COMUNIÓN. EN RESUMEN

- La primera comunión es un evento del niño o la niña, por lo que debemos considerar más invitados de su edad.
- Las invitaciones se hacen personalmente, por teléfono; ya no es indispensable invitar a las mamás.
- Ser elegido padrino o madrina es un honor y un compromiso.
- Algunas personas contratan animadores infantiles.
- Es práctico hacer dos menús: uno para adultos y uno informal para niños.

QUINCE AÑOS. EN RESUMEN

- La vestimenta de los adolescentes es muy variable. Hay que especificar en la invitación el grado de formalidad.
- Las invitaciones a los adultos se hacen por teléfono.
- A las amigas y amigos, si se puede, se les dan boletos personales y extras para que inviten a quienes quieran.
- Los boletos se reparten con quince días de anticipación.
- Hay que cuidar la cantidad de alcohol que se dé a los jóvenes.
- La música es lo más importante en estas fiestas.
- Sólo llevan regalos los amigos muy cercanos y los familiares.

NAVIDAD. LO BÁSICO

- Hacer de la navidad un momento memorable.
- Darle su verdadero significado.
- Esmerarnos en el arreglo de la casa.
- Buscar que los niños se incorporen en la mesa de los grandes.
- Agradecer el hecho de estar juntos.

- La herencia espiritual y las vivencias son el mejor patrimonio que podemos legar a nuestros hijos.
- Lo importante de un regalo es que sea pensado y no para salir del paso. Acompáñalos siempre de una tarjetita cariñosa.

LAS FIESTAS JUDÍAS

Las costumbres judías son muy variadas y plenas de significado. A continuación trataré de presentar algunas de las tradiciones más comunes de cada fiesta.

Brit Milá: el pacto de la circuncisión

La circuncisión es uno de los ritos fundamentales del judaísmo, todo padre judío debe cumplir el precepto bíblico de circuncidar a su hijo al octavo día.

La palabra *Brit* significa pacto, y la palabra *Milá* significa circuncisión.

Es un pacto que hizo Dios con Abraham, para bendecirlo si le era fiel y garantizarle así que sus descendientes heredarían la tierra de Canaán.

La ceremonia marca el inicio del niño al judaísmo. Ese día se le otorga, formalmente, al niño su nombre.

Entre judíos, especialmente entre los de origen *Ashkenazita*, existe una costumbre muy difundida de dar el nombre de un pariente muy cercano, fallecido, cuya memoria se quiera honrar o perpetuar.

Entre los sefarditas se acostumbra poner al primer varón el nombre del abuelo paterno, y al segundo el nombre del abuelo materno.

La ceremonia se realiza el octavo día después del nacimiento; y únicamente se puede posponer si el niño está enfermo o es prematuro, si se considera que no está en buenas condiciones, o que lo mejor para él es retrasarlo.

Anteriormente, el padre era la persona que realizaba la circuncisión. Con el tiempo esa función pasó a manos de un *mohel* o "circuncisor", quién debe estar al tanto de las técnicas de higiene quirúrgicas más avanzadas.

Ese día se le hace un gran honor, tanto a la persona que carga al niño durante la ceremonia, que se llama *Sandak* (que por tradición siempre es un varón y suele ser alguno de los abuelos), como a la mujer que se encarga de llevar al niño de su cuarto a los brazos del *Sandak* y de regreso.

Suele ponerse una silla cerca de donde se sienta el *Sandak*, que representa simbólicamente al profeta Elías, quién asiste a la circuncisión para proteger al niño. El *Brit Milá* puede celebrarse en la casa de los padres, en la sinagoga o en casa de los abuelos.

Lo invitados visten como lo harían en la sinagoga. Como en cualquier acto religioso los hombres se ponen el *Kipá*. Como anfitrión es importante tener algunos extras para los olvidadizos y para los invitados de otra religión. En algunas congregaciones las mujeres usan un velo en la cabeza. Como la ceremonia es corta, los invitados permanecen de pie.

Es una ceremonia conmovedora y muy espiritual. Es el ritual más antiguo dentro del judaísmo y un símbolo indeleble del pacto milenario entre Dios y el pueblo judío.

Normalmente, se lleva a cabo por la mañana y lo sigue un desayuno, un *brunch* o un coctel lleno de música y alegría.

Bar/Bat-Mitzvá

Bar-Mitzvá significa "hijo de los preceptos" o "de los mandamientos", y es uno de los acontecimientos más memorables en la vida de todo hombre judío. Es una ceremonia que se da en el momento en que un niño alcanza la suficiente madurez para cumplir con la obligación de observar los mandamientos religiosos.

Esta maduración se alcanza al cumplir los trece años, según la fecha que marca el calendario hebreo. A partir de entonces, se considera al niño un adulto capaz de cumplir con sus nuevos privilegios y derechos religiosos.

Antes de esta gran fecha, durante varios meses, el niño recibe una larga preparación sobre las oraciones, costumbres y valores del judaísmo. También se inicia el estudio de la Torá y de la historia hebrea. El día del *Bar-Mitzvá*, el niño se presenta en la sinagoga a leer versículos de la Torá o Antiguo Testamento y a recitar por primera vez las bendiciones correspondientes frente a sus familiares y amigos.

Normalmente, esta ceremonia se realiza en la sinagoga durante el servicio matutino de los lunes, jueves, sábados o días festivos, en los que se acostumbra dar lectura pública a la Torá. Posteriormente, se realiza una fiesta. Por lo general, son grandes eventos que pueden realizarse en un salón, una casa o en la sinagoga. Hay baile, música y gran alegría.

Las invitaciones se envían, por lo menos, con seis semanas de anticipación, y pueden ser tan formales como las de una boda o tan informales como una nota manuscrita. En ellas se indica el grado de elegancia de la fiesta para que los invitados sepan cómo vestir.

Los invitados, idealmente, deben ir tanto a la ceremonia religiosa como a la recepción. Se considera de muy mal gusto sólo asistir a la fiesta. Sin embargo, es permitido ir únicamente al templo.

El *Bar-Mitzvá* es un evento muy largo que empieza temprano en la sinagoga. Por eso hay quienes no pueden dedicarle todo el día. Cuando seamos los invitados y sepamos que no podemos asistir a la fiesta, avisémoslo de inmediato a nuestros anfitriones.

Cada persona que asiste a la reunión dará un regalo al joven, aun cuando no asista a la fiesta. Muchas personas regalan dinero dentro de un sobre, una caja especial o una cartera nueva. Otros prefieren dar cámaras, relojes, joyas, una estrella de David, libros o algún objeto religioso conmemorativo.

El niño escribirá una nota de agradecimiento a cada una de las personas que le hayan dado un regalo.

El *Bat-Mitzvá*

A partir de 1922 se introdujo el *Bat-Mitzvá* para las niñas que cumplen doce años (se considera un año antes que los hombre porque las mujeres maduran antes). A esta edad, las niñas reciben instrucciones en las leyes religiosas, en los valores y toman parte en una ceremonia en la que recitan pasajes de la Torá.

Esta ceremonia ha tomado fuerza, sobre todo en las corrientes conservadoras del judaísmo. Los ortodoxos sólo le permiten al varón realizar el *Bar-Mitzvá*.

¿Quieres casarte conmigo?

La que viene del corazón, regresa al corazón.

SAMUEL COLERIDGE

Ámense el uno al otro, más no hagan del amor una atadura: dejen que haya un mar en movimiento entre las playas de sus almas.

GIBRÁN JALIL

¡Qué momento! Es la decisión más importante de la vida. El amor es nuestro motor, la fuente de nuestra felicidad, de creación y de vida.

Al casarnos buscamos la realización completa del amor y adquirimos el compromiso total. La pareja se compromete a crear una nueva comunidad de amor, basada en pensar en el otro antes que en uno mismo, para siempre.

Podríamos contar muchas historias de ese instante mágico en el que un hombre enamorado pregunta a la mujer de su vida: "¿Quieres casarte conmigo?"

Nos hemos emocionado con esta escena en películas, novelas, cuadros y obras de teatro. La hemos vivido intensamente al escuchar a nuestras amigas, amigos e hijos contarnos cómo, cuándo y dónde fue. De niños, preguntábamos curiosos a nuestros papás cómo fue su declaración de amor.

Quienes estamos o hemos estado felizmente casados no podemos evitar sonreír y sumirnos en un delicioso recuerdo cuando pensamos en ese día en que formalizamos nuestro compromiso.

PARA EL NOVIO Y LA NOVIA

¿Cómo y cuándo le doy el anillo?

El momento debe ser memorable. Busca con detalle e imaginación el lugar, debe ser original, romántico y creativo. Puede ser en la azotea de un edificio en noche de luna llena y una mesa para dos con velas. Puede ser en un paseo por la playa, en una montaña, en un barco, en un avión, tú eliges.

- Con una serenata.
- Escribirlo en una manta grande y colgarla en la vía pública.
- Poner el anillo de compromiso en el fondo de una copa de champán. En medio de un aguacate o un chocolate relleno (lo que más te guste).
- Subir a un avión en el que viaja la novia, pero... de sorpresa.

Para la novia

No cabe duda que esta respuesta es la más importante de la vida. Significa estar dispuesta a compartir una vida entera con él. Si la respuesta es un inmediato "sí", qué maravilla, pero por ningún motivo tomes una decisión precipitada, no importa que te sientas la soltera entre tus amigas. A cada cual le llega el amor a su debido tiempo.

Si la propuesta te tomó por sorpresa y necesitas pensar bien las cosas, dile cariñosamente que dada la importancia de la decisión, te gustaría reflexionarlo.

Si por alguna razón, de inmediato te nace decir "no", trata de hacerlo con el mayor tacto posible, para herir lo menos posible a la otra persona. Recuerda que es el peor rechazo emocional que alguien puede sufrir; pero sé clara, definitiva y no des esperanza. Menciona las muchas cualidades de tu pareja, dile con sinceridad por qué piensas que no funcionarían juntos y asegúrale que se merece la mejor esposa y que muy pronto la encontrará.

Sin duda es un momento muy difícil y cruel para quien es rechazado, pero es indispensable decir la verdad ante todo.

Una tía mía decía: "Algunas personas no tienen remedio." Si tienes novio, te van a preguntar "¿cuándo te casas?"; si ya lo hiciste, "¿cuándo viene el bebé?" Después te cuestionarán cuándo te vas a embarazar del segundo y así sucesivamente. Creo que a veces, todos nos sentimos con el derecho de meternos en la vida de los demás y damos consejos sin que nos los pidan. La verdad es que ni la presión ni los consejos que llegan de esa forma son bienvenidos. Mejor pensemos dos veces antes de hablar.

Mientras haya amor, habrá bodas

Pueden ser tan elaboradas como la coronación de una reina o tan sencillas como una simple ceremonia frente al mar. Sin importar cómo sea la boda, lo esencial es que se sienta el cariño y la dedicación por parte de todos al planearla.

Queremos casarnos

Cuando los novios deciden casarse, los primeros que tienen que saberlo, más o menos al mismo tiempo, son los papás de ambos. Sería lamentable que alguna pareja se enterara por otro lado.

Es importante elegir el momento para decirlo. Hay que pensar en hacerlo de una manera amorosa, inteligente y considerada. Siempre es una sorpresa escuchar que un hijo o una hija se va y la emoción puede desbordar a los papás. Si hoy en día algunos papás no aprueban esta decisión, poco podrán hacer. Sin embargo, es prudente platicarlo a solas con el hijo o la hija, nunca frente a la pareja y mucho menos el día de la pedida, como le sucedió a una amiga donde en lugar de festejo hubo drama familiar.

Al anunciar la boda se planeará la fecha aproximada y, poco a poco, en distintas conversaciones, se definirá el tipo de boda, el lugar, el número de invitados y los demás detalles.

La boda es el acontecimiento más importante en la vida de una pareja, por eso organizarla no es tarea fácil, es algo que conviene compartir y planear con anticipación.

Algo evidente es que la boda es de los novios y para los novios y, aunque los papás tengan muchos conocidos y un millón de compromisos, son los novios quienes tienen que acordar el tipo de boda que prefieren y tomar las decisiones que la acompañan, como:

- De día o de noche.
- En qué iglesia o templo.
- El lugar de la recepción.
- En la ciudad o fuera de la ciudad.
- Qué tan formal.
- Números de invitados (de acuerdo con el presupuesto).
- Quién sirve el banquete o si se va a preparar en casa.
- La música.

- Quién hará los arreglos de flores.
- Qué sacerdote los casará.
- La renta de vajilla, mesas y sillas.
- Quién hará las invitaciones.
- Quién y con qué tipo de letras se rotularán.
- Si la boda civil será el mismo día.
- Cantidad de testigos.

Una vez que tengan clara su idea, será el momento de platicar los planes y deseos con los papás para que juntos lleguen a un acuerdo, y para apartar lo más pronto posible los servicios.

Al momento de anunciar su boda, los novios deben estar preparados para contestar preguntas, tales como: dónde van a vivir, si piensan quedarse en el país, si el trabajo de ambos es suficiente para sostenerlos, si están seguros de su amor.

Algunos papás acostumbran llamarse entre futuros consuegros para felicitarse por la boda de sus hijos, otros esperan hasta la despedida. Lo importante es empezar bien las relaciones entre las familias.

EL COMPROMISO

El periodo de compromiso puede ser de seis meses a un año. Por cuestiones de organización y planeación, un mínimo de seis meses es lo recomendable. Si por alguna razón, como estudios, viajes, trabajos y hasta embarazo, la boda se tiene que adelantar, no pasa nada, es cuestión de organizarse. Quizá no se encuentre la iglesia, el salón o el jardín deseado, pero siempre habrá otro lugar si hay ganas de encontrarlo.

EL ANILLO

El anillo de compromiso es el símbolo que materializa el deseo de pasar una vida juntos y desempeña un papel esencial en las bodas. El tamaño o el estilo es lo que menos importa. Cada cual da lo que puede y la novia así lo debe entender. Hay mucho más valor detrás de cualquier anillo que es dado con amor, que su valor comercial.

El anillo de compromiso, generalmente, es un diamante solitario en una argolla de oro, oro blanco o platino. Sin embargo, el novio puede elegir la piedra que quiera. Las reglas ya no son tan estrictas.

Pienso que cuando el novio pide a la novia acompañarlo a escoger el anillo de compromiso se pierde la mitad de la magia. Lo mejor es que sea una sorpresa para ella. Si por alguna razón él decide que la novia sea la que escoja, prudentemente, irá primero a la joyería y pedirá al joyero que enseñe a su novia sólo el tipo de anillos que estén en el rango que puede pagar. Así, ella escogerá entre rangos reales y no hará sentir incómodo al novio. Es muy importante que la novia se muestre agradecida y contenta. Nada decepcionará más al novio que sentir que no cumplió las expectativas de la novia.

Algunas novias, muy sensatas, prefieren no tener anillo de compromiso si el novio está en dificultades económicas y, en cambio, prefieren invertir más en las argollas.

Si a la novia le obsequian el anillo de la mamá o de la abuela, considero que es todo un honor. Si es el caso, no te sientas contrariada y demuestra tu gratitud sin importar lo que sientas al respecto.

Algunas parejas prefieren darse una pulsera o un collar como símbolo del compromiso. Los anillos de este tipo no llevan fecha ni nombre grabados.

En el penoso caso de romper el compromiso, el anillo debe regresarse de inmediato.

LA PEDIDA

La pedida es una importante tradición en nuestro país y, aunque los protocolos oficiales tiendan a desaparecer, la idea es que las familias entren en contacto, sobre todo si no se conocen, hablen de ciertos temas y reciban con el corazón abierto al futuro miembro.

Actualmente, se hace una cena en casa de la novia, a la que se invita a los papás y hermanos del novio. Si están casados, con esposos. A esta cena también van los abuelos de ambos lados y, por supuesto, los hermanos de la novia. La cena se lleva a cabo de cuatro a seis meses antes de la boda, todo depende de cuándo dieron el aviso.

Los papás del novio deben enviar unas flores a la novia en señal de bienvenida y no está mal que el novio lo haga también. Además, es buen detalle que el futuro yerno mande un ramo de flores también a su futura suegra.

La invitación a la pedida la hace la mamá de la novia por teléfono, con un mínimo de diez días de anticipación.

Al final de la celebración o durante la cena, el padre del novio debe, de manera formal o informal, pedir la mano de la joven. Esto es importante, ya que ritualiza el momento y se le da la importancia debida. Para esto es conveniente que prepare algunas palabras cariñosas y un mensaje breve y memorable.

El papá de la novia también debe tener preparada mentalmente la respuesta. Cuando se habla con el corazón abierto se crea un ambiente íntimo y cercano.

Los padres de los novios pueden aprovechar la ocasión para dar un regalo sencillo y significativo al futuro yerno o nuera. Sin embargo, no es obligatorio.

Si la pedida es muy solemne, los padres de la novia presiden la mesa con el futuro suegro a la derecha de la dueña de la casa y la futura a la derecha del señor de la casa. Los novios se sientan juntos.

La cena se prepara con sumo cuidado, al igual que al escoger los vinos. Llene su casa de flores y velas. ¡Es un día de fiesta!

La novia debe estar preciosa, con un vestido muy femenino. Por supuesto las mamás de los novios también estarán muy arregladas, luciendo su mejor traje sastre de seda, *shantung*, crepé, etcétera. También es propio usar un vestido con saco encima o un vestido sencillo con un collar de perlas o un prendedor. Ésta no es la ocasión para "escotarse", vestir pegada, ponerse lentejuelas o hacerse chongos muy elaborados. Los papás, hermanos y abuelos visten traje oscuro y corbata. Es una ocasión formal.

La pedida, quizá, es el primer encuentro entre las dos familias, por eso los anfitriones, es decir, los papás de la novia, intentarán romper el hielo y hacer sentir a la nueva familia su calidez, su hospitalidad y el gran gusto de recibirlos.

Esta noche es mejor no tocar temas de la boda ya que pueden surgir puntos álgidos que aumentarán la tensión del momento.

Es importante relajarse para que la actitud contagie a todos. Un poco de música, un ambiente apacible y dejarnos llevar por la alegría de los novios, elevará el espíritu de convivencia entre las familias.

En resumen: con dedicación y cariño, la pedida puede ser memorable.

DESPEDIDA DE SOLTERO

Las despedidas de soltero son toda una tradición. Las organizan los amigos y la familia cercana.

Las despedidas mixtas de jóvenes, por lo general, son en la noche y consisten en cocteles o cenas informales. En estas despedidas se regalan cosas para el bar, vasos, botellas de vino, licores, discos o libros, y son del todo informales. Aquí lo importante es divertirse y estar juntos.

DESPEDIDA DE SOLTERA

Hay de varios tipos: las clásicas, con las tías, con la futura suegra, las amigas de la mamá... y las de las amigas de la novia que, con frecuencia, son más atrevidas. Según la tradición, a la futura suegra le toca organizar el primer *shower*.

Las amigas, primas, cuñadas y la abuelita o compañeras de trabajo también organizan despedidas de soltera a la novia. No es de buen gusto que su mamá la organice.

Se hacen por la tarde y se sirve una especie de merienda-*buffet* o una comida al mediodía.

Es importante elegir bien a quién invitaremos a cada despedida. Mezclar con inteligencia y no repetir la invitación a menos que sea una persona muy cercana. Si se repite la invitación a una amiga o prima, es de cortesía pedirle que no lleve regalo por segunda vez.

El propósito de las despedidas es ayudar a la futura pareja a montar su departamento. Por lo general, se hacen de: latas, blancos, cosas para la cocina, aditamentos para la casa, recetas, etcétera. El buen detalle de hacerlo así es que cada cual compra lo que está a su alcance. En lo personal, no me parece de buen gusto pedir una cuota específica. Entiendo también que es lo más práctico si se trata de comprarles algo caro, como el juego de maletas, si la pareja va a vivir fuera. Algo ingenioso es pedir que lleven un regalo útil para la casa para cada hora del día. Por ejemplo, a una invitada se le pide que lleve algo que se use a las siete de la mañana, a otra algo para las ocho, a otra para la una, y así sucesivamente. Un ejemplo de lo que no se debe hacer es lo que me pasó: me llamó una amiga por teléfono y me dijo: "Te invito al *shower* de fulana, va a ser de cosas de cocina y te toca traer ¡la licuadora!" Quizá era lo que pensaba regalar en la boda. Al hacer la invitación por teléfono se debe especificar de lo que va a ser el *shower*.

Durante la despedida se buscará un momento oportuno para que la novia abra sus regalos y los agradezca personalmente.

Las despedidas pueden ser tan formales o informales como las organizadoras lo deseen. Me ha tocado asistir a despedidas muy frías, que se nota que quien lo organizó lo hizo sólo por compromiso.

Una vez más la delicadeza de la anfitriona sale a relucir en estas fiestas con los adornos en las mesas, un pequeño recuerdo para las invitadas, los adornos de la sala, el comedor, la comida. Es importante que se sienta la calidez de la anfitriona.

Existen muchos juegos y tradiciones en las despedidas de mujeres. Hay algunos muy simpáticos y con doble sentido que permiten hacer bromas a la novia sobre su primera noche de bodas. Otros, más serios y profundos, en los que se aprovecha el momento para que cada cual le exprese un pensamiento o un consejo a la futura esposa.

En ocasiones hay músicos, cantantes o cómicos. Desde magos hasta grupos jarochos. Como siempre, al contratarlos es indispensable explicarles de qué se trata y conocer su espectáculo.

Algunas sugerencias

- Se puede dividir a las invitadas en equipos y darles material (papel de china, cartulina, tijeras, hilo y aguja, cinta adhesiva, etcétera) para que cada grupo utilice su imaginación y elabore la parte del vestido que le tocó. Al final entre todas visten a la novia.
- Se pueden sentar formando un círculo grande y decirle a la novia, una a una (de acuerdo con su experiencia personal), un consejo que le ayude a mantener el amor en su matrimonio.
- Se hacen dos equipos y a cada uno se le da una madeja de hilo que deben pasarse por debajo de una prenda de vestir hasta que todos queden ensartados. El primer equipo que lo logre gana.
- Como anfitriona es bueno tener regalitos sencillos para premiar a quien gane.

Los amigos de los papás de los novios también pueden organizar despedidas especiales, más íntimas y elegantes, con familiares cercanos, o con los testigos y padrinos.

PLANEACIÓN DE LA BODA

Se tomó la gran decisión y la fecha quedó fija. Ya hay anillo, quizá ya pasó la pedida. Muy pronto llegará la boda, el día más feliz en la vida de los novios.

Las semanas anteriores al evento son delicadas. Hay que llenar esos días con paciencia, diplomacia y tacto, ya que con los nervios y la emoción, cualquier pequeña discusión puede convertirse en conflicto. Especialmente entre madre e hija, marido y mujer, o entre los novios.

Los asesores de boda son una excelente ayuda. Su labor es quitarles preocupaciones a todos al coordinar el evento. Se encargan de que todo funcione de acuerdo con lo previsto: que el salón o jardín sea el adecuado, que el banquete se sirva caliente y a la hora acordada, que las flores se entreguen a tiempo, que la música y las mesas estén organizadas, que las edecanes reciban, en caso de contratarlas, a los invitados y los sienten de acuerdo con la zona o a la mesa que se les asignó, etcétera.

Por lo general, el coordinador cobra una cuota a quienes dan la boda y, en ocasiones, las empresas de servicio que contrata le pagan una comisión. Esto es totalmente variable. Si no deseas contratar uno, no te preocupes... también puedes organizar y manejar la situación.

Lo que se vive, lo que se disfruta, lo que se siente en esos momentos nos marca para siempre y nos une a nuestros amigos y familiares. La boda es el evento por excelencia.

Vayamos a lo práctico en la organización.

A quién invitar

Éste es el primer punto. La lista de invitados dicta el costo y el tamaño de la boda. Por lo tanto es importante poner límites antes de empezar a decidir. Por lo general, las familias se dividen por igual el número de gente a invitar.

Hay que pensar la lista con cuidado, pues lo más común es herir sentimientos por omisión. Siempre habrá más gente que quisiéramos que nos acompañara de la que podemos invitar. Si las familias se conocen deben conciliar sus listas para evitar duplicados.

Al hacer la lista hay que tomar en cuenta que del quince al veinte por ciento de personas por alguna razón no asistirán. Esto es en el caso de que la boda sea en la misma ciudad donde viven las familias. Si la boda es fuera de la ciudad se considera un 25 por ciento de faltantes.

La lista debe empezar con los que definitivamente deben ser invitados; es decir, la familia, los amigos y, por último, los compañeros de trabajo y demás compromisos.

¿Quién va a pagar qué?

En México y en muchos países latinos, los papás de la novia pagan la recepción o el banquete: el lugar, la comida, los vinos, la música, las flores y el asesor de la boda, si lo hay.

El novio, o sus papás, pagan todo lo demás: iglesia, flores de la misma, invitaciones, fotos, video, anillos, vestido y traje. Muchas veces los familiares de los novios contribuyen para pagar la luna de miel, la casa o los muebles.

Hay ocasiones en que la familia del novio se ofrece a compartir los gastos de la boda. La decisión de aceptar o no, la toman los papás de la novia. Sin embargo, los tiempos han cambiado y este tema no es tan estricto como antes.

Además de los gastos mencionados, hay otros como:

- Invitaciones. Papel grabado o impresión, el costo de rotular y enviar (novio).
- Si existen algunos invitados a los que habría que pagarles hotel o traslados (según de qué lado sea el familiar).
- Boda civil. Juez, papelería, cena o coctel, música, fotos, flores. En ocasiones, los papás del novio se ofrecen a organizar la boda civil una semana antes de la boda religiosa. Esto, sin duda, aligera los pendientes que ya tienen los papás de la novia.
- Transporte de los novios de la casa a la iglesia, de la iglesia al banquete y del banquete al hotel (papás de la novia).
- Flores para la novia, las madrinas o damas, los pajes, la iglesia, la recepción, las mesas, el pasillo de la iglesia, las carpas o lonas.
- Músicos. En la ceremonia (novio) y en la recepción (novia).

INVITACIONES

Las invitaciones tradicionales, a mi gusto, son las mejores. Lo clásico no falla. Después de una invitación para un evento presidencial (la que a algunos nunca nos llegará), la invitación de la boda es la más importante en la vida social. Por eso su lenguaje y contenido ha permanecido formal a través de los años.

Los novios eligen todo lo relacionado con el diseño, como el tipo de letra, el color, el tamaño del papel, el sobre, si llevará celofán encima y demás detalles.

En las invitaciones muy formales y elegantes, el texto se graba en la primera página de la invitación de hoja doble y se mete dentro de un sobre que a su vez se mete dentro de un sobre más grande que se rotula. Para evitar que la invitación se ensucie, ésta se guarda una vez más en un sobre de papel celofán (depende del presupuesto).

Las invitaciones impresas son más económicas y mandan el mensaje de que la boda no será tan formal.

El sobre se rotula a mano y con tinta china. Hay especialistas que se dedican a esto y lo hacen de maravilla.

Si la recepción se lleva a cabo en otro lugar diferente al de la ceremonia, y si sólo se invitará a unos cuantos al banquete, se necesitan tarjetas por separado en las que puede decir: al concluir la ceremonia religiosa los esperamos en (lugar, dirección y hora). En la esquina inferior derecha deben ir las letras RSVP (*Répondez, s'il vous plaît*) que quiere decir "por favor confirme" al teléfono_____. También en la tarjeta se indica si la recepción será formal, de etiqueta o coctel.

En caso de que la boda sea fuera de la ciudad es conveniente agregar un pequeño papel con los nombres y teléfonos de los hoteles cercanos. Se puede incluir también mapa.

Las invitaciones se realizan de la siguiente manera:

Redacción

En una invitación formal los nombres se dan completos, no se utilizan apodos, iniciales o abreviaturas.

Se escribe la fecha y la hora (jamás con números).

En el sobre se escribe el nombre completo del invitado antecedido por "Señor don" (que significa: de origen noble) y al final del nombre se agrega "y señora". Y en la parte inferior derecha se agrega la palabra "presente". En caso de que a la que se conozca sea a la mujer del matrimonio, se debe poner el nombre del esposo y, a continuación, y señora; nunca señora fulana de tal y señor.

En la parte de atrás del sobre estarán las direcciones de los novios para efecto de los regalos. Un detalle muy fino es grabar la dirección sin color. No es de buen gusto señalar los lugares en donde los novios han puesto la mesa. Quienes se interesen lo averiguarán de algún modo.

Alguna vez recibimos una invitación de boda que me pareció el colmo, decía: "Como los novios radicarán en el extranjero, agradecemos depositen su regalo a la cuenta número X del banco tal." Entiendo que es práctico pero también poco delicado. En este caso, se avisa a todos los familiares y amigos en forma verbal. Si se tienen muchos invitados de compromiso lo más adecuado es poner "los novios radicarán en el extranjero", esto da a entender que los invitados regalarán algo práctico o enviarán un cheque.

Envíe las invitaciones cuatro semanas antes de la boda.

La mayoría de las veces los papás de ambos novios son quienes invitan, y se deben escribir sus nombres aunque estén divorciados.

Ejemplos:

> _Pedro López_   _Ramón Castor_
> _Lucía Artigas_   _y_   _Patricia González de Castro_
>
> _Se complacen en participar el matrimonio de sus hijos_
>
> # _Guadalupe y Rafael_

Si ha muerto el papá o la mamá se agrega una pequeña cruz a su nombre. Si la señora enviudó y se volvió a casar se pone el nombre del papá fallecido, y el nombre de ella con el apellido de casada. Los novios participan cuando no tienen papás o cuando es la segunda vez que se casan.

Puntos para recordar

- Las invitaciones se mandan hacer, cuando más tarde, tres meses antes de la boda, y debemos asegurarnos de pedir todo lo necesario: invitación, sobre, celofán, mapa, tarjeta de recepción.
- Antes de grabar o imprimir debemos revisar que no haya errores, es horrible que el nombre llegue mal escrito.
- Siempre hay que confirmar nuestra asistencia.
- Si mandas las invitaciones con la leyenda RSVP, pon un teléfono y asegúrate de que alguien contestará y confirmará la asistencia de los invitados.

En caso de no poder asistir, un detalle adecuado es enviar con anticipación el regalo y devolver los boletos de la recepción con una tarjeta de disculpas.

Otro detalle es confirmar personalmente por teléfono a los invitados. Como es algo que, por lo general, hace una secretaria, llamar personalmente hace sentir importantes a los invitados. El número de llamadas se dividen entre los papás del novio y la novia. De esta manera no es pesado para ninguno.

Si hacemos todo esto, garantizo una cosa, que el número de asistentes aumentará y se empezará a sentir el toque personal de la boda.

BODA CIVIL

La boda civil puede celebrarse antes o el mismo día de la religiosa, a ella asisten, generalmente, los testigos con sus parejas, la familia más cercana y los amigos íntimos de ambos. Puede realizarse en una casa, salón o jardín. Cada pareja decide dónde y cómo hacerla. En caso de efectuarla el mismo día que la religiosa, es preferible que sea antes que la de la iglesia. A Pablo y a mí nos han tocado varias bodas donde la civil se hace entre la religiosa y la recepción, lo que retrasa todo, y quienes no están invitados a la civil esperan mucho tiempo.

Es un honor ser testigo de una boda civil. Significa un "te quiero, te elijo", un "eres importante para mí". Hay que informarles con toda la anticipación posible que serán esenciales en la boda. Esta deferencia se ve disminuida cuando hay quince testigos o más de cada lado. La ceremonia se hace larga y tediosa. Pienso que el número ideal es de cinco a ocho testigos por cada parte. Los testigos se sentirán muy especiales, y de eso se trata.

Los testigos, generalmente, darán un buen regalo.

Invitaciones (boda civil)

Se puede invitar personalmente por teléfono o bien enviar una tarjeta donde esté manuscrito el nombre del invitado y se le debe agregar "y señora", en caso de que tenga.

Si la boda civil es ocho días antes que la religiosa, puede organizarse una cena formal, informal o coctel, según el presupuesto de quien vaya a pagar.

¿Cómo vestirse?

Novia. La novia debe verse femenina. Éste no es un buen momento para lucir *sexy* o provocativa. Los colores claros son la mejor elección.

Novio. El novio debe verse formal, serio y elegante. No es momento para usar el último grito de la moda, pues la moda pasa y las fotos permanecen por varias generaciones. Vestir de forma clásica nunca falla.

Las mamás. Deben lucir elegantes pero apropiadas a su edad. Evitar vestidos muy pegados al cuerpo, muy escotados, muy llamativos o muy exagerados. Quien debe lucir es la novia, no la mamá.

Los papás. Ellos lucirán muy bien con un buen traje oscuro, una camisa blanca impecable y una corbata en tono gris claro con estampado pequeño y discreto. Zapatos impecables. Esmoquin si así se requiere.

LLEGÓ EL GRAN DÍA: LA CEREMONIA RELIGIOSA

Las flores en la iglesia

Las flores embellecen todo. La iglesia, la recepción y a las personas. por eso es tan importante prestarles mucha atención y ponerse de acuerdo con la persona encargada del templo para colocarlas en un momento oportuno.

Hay diseñadores muy creativos que ayudan a hacer arreglos excepcionales para la novia y las damas, así como las coronitas de los pajes.

Elijamos con cuidado los centros de mesa, los adornos en pasillos y rincones, pues todo debe tener armonía de color y proporción.

Fotos y video

Los recuerdos de la boda son indispensables. Las fotos y el video son los encargados de lograrlos.

La elección del fotógrafo y del productor del video va a dejar huella para toda la vida. Así que hay que elegirlos con cuidado. Si es posible, es conveniente llevar dos fotógrafos: uno para las fotos clásicas de la familia y otro que las tome más espontáneas o artísticas.

Si ya estás muy gastado, siempre hay un primo o una amiga buenísimos para la fotografía. Súrtelos de rollo y pídeles el favor. Tú te encargarás del revelado.

También hay gente cercana que puede regalar eso de boda.

Si vas a contratar a un profesional, define con el fotógrafo y el productor del video cómo y por dónde se van a mover en la boda, tanto en la iglesia como en la recepción. Muéstrale, si es posible, con anticipación quiénes quieres que formen parte de tus recuerdos o pide a alguien muy cercano que identifique a la gente importante, ya que luego quedan en el video o en las fotos, los amigos de los papás que jamás habíamos visto. Hay que acordar con ellos hasta qué hora permanecerán en el festejo, ya que muchos sólo toman el principio y se van. Define los precios de originales y copias.

Es imperativo organizar un momento específico para tomar las fotos de los novios, de la novia con los pajes (antes de que se ensucien), y de ambas familias.

El precio del video puede variar enormemente de acuerdo con el formato con el que se grabe la boda y los efectos visuales que se incluyan. Pide que la iluminación sea indirecta, ya que la luz directa del reflector no favorece. Como en todo, a mayor elaboración, mayor costo. Sin embargo, es una inversión que dura para toda la vida, igual que las fotos.

Música

La música es indispensable en la iglesia, en el templo y en la recepción, pues crea la atmósfera. Equivale al 50 por ciento del éxito de la boda.

Vale la pena asegurarnos de escuchar a los músicos antes de contratarlos y revisar el programa a profundidad.

En algunas bodas muy formales se da a los invitados la lista de la música que se tocará en la iglesia, con las lecturas y el orden de la misa impresos.

Es importante definir dónde van a estar los músicos y cuidar la acústica. Las voces de los coros le dan a la misa una emotividad especial.

Para la recepción se pueden contratar distintos tipos de música: conjuntos en vivo o música grabada, violines, tríos, grupos específicos. También es necesario revisar cómo van a ir vestidos; definir a qué hora tocarán, con cuántos descansos, dónde se van a sentar, qué van a comer y qué pueden tomar.

Informar a los músicos el estilo de música que les gusta a los novios y dejar claro cuáles piezas definitivamente no se pueden tocar. No podemos olvidarnos de definir qué música se tocará durante la comida y cuál será la canción que los novios van a bailar. Si es una versión especial, dárselas con anticipación.

ORGANIZACIÓN

Una vez que hayas recopilado datos y teléfonos de todo, ¡haz tu macroagenda y guárdala!

Lo que debes incluir

• Lista de invitados, con teléfonos y direcciones completas.
• Nombre del impresor de las invitaciones, con dirección y teléfonos.
• Fecha en la que prometieron entregar.
• Rotuladores. Nombres y teléfonos.
• Compañía que va a repartir.
• Nombre y teléfono del sacerdote o rabino.
• Nombre y teléfono del juez.
• Nombre de la modista para la novia y para las damas.
• Encargado de los arreglos de flores. Nombre y dirección.
• Músicos. Iglesia y recepción. Nombre y dirección. Programa.
• Fotógrafo.
• Video.
• Lonas y carpas.
• Una tarjeta del menú.
• Acomodo. Novios, familias e invitados.
• Quién recibe a los invitados.
• Persona encargada de sentarlos.
• Aperitivos, vinos y licores.
• Los baños: cuántos. Quién los limpia. Los artículos que dejarás en cada baño: analgésicos y, en el de mujeres, *spray*, toallas sanitarias, un cepillo, peine. Dulces.
• Seguridad. Es importante que haya seguridad, pero que no se note ni se sienta.
• *Valet parking* (en caso de solicitarlo).

- Ambulancia, en caso de que sea una boda muy grande y en un rancho o casa fuera de la ciudad. Es responsabilidad del anfitrión cuidar la salud de sus invitados. Nunca falta alguien alérgico a lo que comió, un accidente menor, etcétera.

Antes de la ceremonia

Antes de la ceremonia religiosa los novios tendrán que seguir normas específicas, como asistir a cursos prematrimoniales, hacer los anuncios pertinentes en la iglesia o sinagoga, así como acordar los detalles con quien la va a celebrar. Estos detalles pueden ser: a qué hora entra la música, si se permite tomar fotos, la logística de la comunión, etcétera.

La ceremonia religiosa

Los invitados se presentan en el recinto antes que los novios; el novio debe llegar antes que la novia a la iglesia, y ella después con su papá o quien haya elegido. Puede llegar en el coche de su familia, en uno prestado o hasta en un coche antiguo rentado para la ocasión, también puede usarse una carroza tirada por caballos, la que se adornará con flores y moños blancos.

En España existe una tradición muy simpática en la que el novio envía el ramo a la novia con sus amigos a su casa justo antes de que ella salga a la iglesia. Esto se hace para que ella esté segura de que no la van a dejar plantada (no es mala idea).

Al llegar al lugar de la ceremonia, la novia se prepara para el gran momento en que entrará del brazo de su papá o sustituto. Mientras tanto, el novio esperará ahí o entrará del brazo de su mamá, y la esperará en el altar.

Desfilar o no, es una decisión muy personal. Hay a quienes no les gusta hacerlo y prefieren que su hija entre sola. Otros consideran esto trascendental, pero lo que en realidad importa, es darle gusto a la novia. Así como hay bodas de dieciocho pajes, y diez damas, las hay en las que entra la novia sola. Todo es válido. Es cuestión de sentirnos cómodos con lo que hacemos. Ya bastantes presiones tenemos.

TAN TAN TA TAN...

Empieza la música. En este escenario todos decidieron desfilar.

Entra el sacerdote, después, los pajes, las damas, el novio con su mamá, la mamá de la novia con el papá del novio y, por último, la novia del brazo de su papá. También los papás pueden abrir el cortejo, seguidos por los pajes, damas y al final la novia con su papá.

Toda la gente espera de pie. Es quizá el momento más emocionante, incluso no faltará a quien se le escapen unas lágrimas.

El cortejo avanza lentamente, con pasos rítmicos, no demasiado largos. Viendo al frente, con una sonrisa.

La novia aparecerá radiante, controlando los nervios (lo más posible). Su objetivo será gozar cada momento, ya que pasa todo muy rápido. Éste no es el momento apropiado para que la novia salude a los presentes, le quita solemnidad a la ceremonia.

Si el papá ya no está, el hermano mayor o un tío cercano llevará a la novia. Si tiene un padrastro a quien quiera mucho, él puede hacerlo.

En la iglesia católica, el papá lleva a su hija a los pies del altar y la entrega a su futuro esposo en un gesto simbólico de te "entrego" a mi hija. Un bonito detalle es que la novia se voltee a darle un beso de despedida a su papá. La novia entra del lado izquierdo y el papá del derecho.

Los novios tienen sus reclinatorios o sillas especiales frente al altar. Detrás de cada pareja, a los lados, estarán los lugares reservados para sus padres. Los de la novia se colocarán del lado izquierdo del altar. La mamá debe quedar en el asiento cercano a la novia. En la siguiente fila irán las damas y los pajes (si los pajes son muy chiquitos es mejor que cada uno se siente con sus papás en las primeras filas para controlarlos). Posteriormente, se sienta la familia inmediata. En algunas bodas, los padres de los novios colocan letreros en estas tres primeras filas con los nombres de las personas en sus lugares o se separa la zona con un listón.

Si no es muy cercano a los novios, evite sentarse hasta adelante.

Cuando los papás están divorciados, sugiero que hagan un esfuerzo y se sienten juntos. Sus hijos se los agradecerán. Si es demasiado pedir, ni modo.

Cuando la mamá o el papá es viudo o viuda, podrá sentarse con su hijo o hija mayor, o con quien entregó al novio o a la novia.

EL VESTIDO DE LA NOVIA

Tradicionalmente, el vestido de la novia ha sido blanco, ya que representa su pureza e inocencia. Este color le da a la novia un toque místico. Es muy importante evitar que el novio vea el vestido antes de la boda.

Cada vestido de novia estará influenciado por las líneas generales de la moda del momento, y su diseño irá en función de la clase de boda que quiera realizarse. Por ejemplo, puede ser un diseño típico mexicano si la boda es en una hacienda a mediodía; o ser más sofisticado si es de noche en algún salón elegante.

Una vez más, éste no es el momento de lucir *sexy* o provocativa. La sencillez debe confirmar cualquier acto de nuestra vida. Una novia sencilla siempre será elegante.

Si la novia decide entrar con un velo, uno corto cubrirá su cara al entrar a la iglesia, el cual retirará en el momento del compromiso. Muchas novias prefieren llevar sólo una corona de flores en la cabeza y evitan el velo.

El día de la boda la novia deberá lucir mejor que nunca, respetando su estilo. Para lograrlo, es importante hacer distintas pruebas de peinado y maquillaje hasta quedar totalmente conforme y segura. Quien la maquille debe tener cuidado de unificar el maquillaje con el tono de piel del escote.

El arreglo de la novia y de sus familiares cercanas como hermanas, mamá y amigas íntimas puede hacerse en conjunto. A algunas novias esto les parece divertido y relajante, otras prefieren arreglarse por separado, con calma.

Algo importante que debemos recordar es que el vestido es lo último que se pone.

Todo toma su tiempo y hay que considerarlo para evitar tensiones explosivas en el momento.

Los zapatos de la novia serán blancos o del tono de la tela del vestido.

Las joyas, muy discretas. Si la boda es de día y en el campo, hay que evitar los brillantes, las circonias o piedras preciosas. En este caso las perlas, el oro o la plata, son apropiados. Recordemos que menos es más.

El ramo de la novia puede ser blanco o de color. Sugiero que siempre sea de flores naturales.

EL NOVIO

Si la boda se celebra de día, lo tradicional es que el novio vista de *jaquette* (traje especial de pantalón gris a rayas y saco de cola en gris obscuro), puede ponerse un *gazné* de seda con fistol o una corbata de seda en grises. Si la boda no es muy formal, puede usar un traje oscuro con camisa blanca y corbata en tono claro. Como único adorno llevará una flor de azahar.

Le recomiendo al novio no ir la tarde anterior a la peluquería porque parecerá cadete recién ingresado.

LAS MAMÁS DE LOS NOVIOS

Este día, las mamás de los novios vestirán con elegancia y discreción. Si la boda es de día, lo apropiado es un traje corto elegante o un vestido debajo de la rodilla con un saco encima. También puede ser un vestido de gasa a media pierna y sombrero o tocado.

El sombrero o tocado hace ver más formales y arregladas a las mamás. Hay que tener cuidado de no usar una pamela grande porque saludaremos de beso a todos los invitados, y es incómodo. Los zapatos se tiñen del mismo tono de la bolsa, para mayor formalidad.

Si la boda es de noche, un vestido largo elegante con un chal o saco de la misma tela para usarlo durante la ceremonia, es lo adecuado.

En la noche no se usa sombrero, pero un tocado discreto se ve bien. También ellas deberán hacerse pruebas de maquillaje y peinado. Es un día importante.

Si se pone de acuerdo en cuanto a la formalidad, al largo de los vestidos, si habrá o no sombreros y los tonos de la vestimenta en general, es mejor. De otra manera da la impresión de poca comunicación entre ellas. Se ve mal que una vaya de corto y otra de largo, por ejemplo.

LOS PAPÁS DE LOS NOVIOS

Boda de día o boda de noche: los papás de los novios se visten de la misma manera que el novio. Lo mejor es rentar el *frac* o el *jaquette*.

Si algún hermano va a subir al altar a leer una de las lecturas, debe ir de traje oscuro, aunque la boda sea de día.

LAS DAMAS

La edad de las damas, seguramente, será cercana a la de la novia, pues por lo general son hermanas, cuñadas y amigas. Ellas entrarán antes que la novia y saldrán después que la pareja.

En las bodas católicas las damas pueden ser madrinas de lazo, de arras, de anillos y del ramo que se ofrece a la Virgen al final de la misa.

Las arras son trece monedas de oro o plata que significan el cuidado que la esposa tendrá en conservar los bienes comunes. Cuando las reciba el novio, hay que tener cuidado de que no se caigan; se dice que es de mala suerte.

El anillo va en el dedo anular de la mano derecha.

El anillo será una argolla de oro que llevará escrito por dentro el nombre del novio o de la novia, respectivamente, y la fecha.

Puede escogerse otro tipo de anillos, pero lo tradicional es una argolla.

Vestidos de las damas

La novia elige la tela del vestido que llevarán las damas. Cada una puede decidir el estilo que más le guste, si la novia está de acuerdo. En este caso es importante acordar el largo del vestido y mantener la armonía con el color de los zapatos y con el ambiente en general. Cada una lleva en las manos lo que va a amadrinar o un pequeño ramo de flores.

LOS PAJES

Los pajes son una costumbre europea que hace lucir a los niños consentidos de los novios. Creo que se ven muy lindos y que fácilmente pueden entender y aprender su papel en la boda. Nunca faltará el que se eche a llorar y se cuelgue de las piernas de su mamá; sin embargo, la mayoría se divierte y se siente importante.

Los pajes son tiernos, evocan sueños y prometen futuro.

EL FINAL DE LA CEREMONIA

Antes de salir, en las bodas católicas la novia puede ofrecer su ramo a la Virgen. Éste es un momento de absoluta devoción en el que los invitados la acompañan en silencio.

Aplaudir a los nuevos esposos antes de que salgan del recinto es una bonita costumbre.

El cortejo sale en el mismo orden en que entró, detrás de los novios. Estos instantes también son maravillosos porque casi todos los recién casados desbordan felicidad mientras que los papás están mucho más relajados.

A LA HORA DE FELICITAR

Muchas veces se empieza a felicitar a los novios justo afuera de la iglesia. Otras, se espera hasta llegar a la recepción.

En ambos casos la felicitación tendrá que ser muy breve. Hay que evitar largas pláticas y comentarios. Podemos decir lo bonita que está la novia, lo felices que van a ser o lo que se quiera decir, pero con pocas palabras.

En ocasiones, los novios van a tomarse las fotos entre la iglesia y la recepción para llegar después que los invitados o hacen tiempo en algún sitio donde puedan estar relajados, cómodos, tomar algo y platicar con alguien cercano y agradable.

Ahí, la novia aprovechará para arreglar su maquillaje y su peinado y llegar guapísima a la recepción. Otras parejas simplemente dan unas vueltas en el coche antes de llegar. Lo que sea que se haga habrá que definirlo con anticipación.

LA RECEPCIÓN

Las bodas se pueden festejar en distintos lugares. Cada pareja elige según sus gustos, necesidades y posibilidades. Las tradiciones también desempeñan un papel importante.

Cuando la boda es en la casa, estén seguros de que la gente cabe. Midan cuántas mesas quedan cómodas, acondicionen baños y contraten gente que los limpie.

Es básico buscar un lugar para recibir toda la comida y para que los meseros se muevan con libertad.

Hay que organizar con anticipación la llegada de mesas, sillas, vajillas, vinos, etcétera.

Las bodas en las casas llevan un toque muy personal, pero implican una enorme cantidad de trabajo. Hay que tenerlo muy en cuenta. Debe haber un cuarto para que se cambien los novios y suficiente espacio para todo.

La música tendrá, también, su lugar definido de antemano. Es recomendable rentar carpas y calentadores por si llueve o para el frío.

Y pensar en contratar un *valet parking* y seguridad (de preferencia, sobre todo si la calle donde es la recepción es chiquita o angosta).

Las bodas también pueden festejarse en salones, jardines, hoteles o restaurantes, donde prácticamente se encargan de todo. La meta es que todos se sientan cómodos y felices, y para lograrlo hay que tener muchas cosas presentes además de la comida, la música y el vino.

Por ejemplo, al organizar el evento pensemos en quienes tendrán algún problema para integrarse, como los amigos de fuera. Con ellos hay que ser especialmente cariñosos y cuidadosos. Fijarnos dónde los sentamos y con quién para que estén a gusto y valga la pena el viaje que hicieron por nosotros.

También debemos pensar en la gente mayor. Ellos tienen que estar cómodos, en mesas de fácil acceso, rodeados por sus seres queridos.

Quizá tuvimos que invitar a gente del trabajo que no conoce nadie. Estaría muy bien pedirle a un amigo de confianza que nos eche la mano para atenderlos. Esto no significa encargárselos a tal grado que nuestro amigo no se la pase bien, todo en su justa proporción.

Seamos sensibles a captar los detalles.

La comida debe ser muy buena, bien presentada y suficiente. Quienes sirven en bodas han mejorado notablemente. Cada vez se ofrece una mayor variedad y mejor calidad. Recuerdo cuando las comidas en las bodas estaban garantizadas por malas, feas y frías. Con los especialistas de hoy, eso ya no sucede.

Los asesores de boda son muy eficientes. Si los podemos pagar, son muy prácticos, y pasamos la organización a profesionales, que saben dónde se consigue todo mejor y más barato. Ahorran mucho trabajo.

La mejor manera de encontrar quién sirva en la boda es por recomendaciones. Influye la sazón, el estilo de servir, el equipo de meseros, la puntualidad y la eficiencia.

Antes de firmar el contrato es importante probar el menú que te sugieren, conocer su plan de trabajo y, si es posible, haber estado en una boda donde los hayan contratado para comprobar la calidad de sus servicios. Una vez decididos, asegúrate de entender todo lo escrito en el contrato que firmes con ellos.

Decide cómo se van a manejar los vinos. ¿Los lleva el organizador? ¿Los llevas tú? ¿Cuántos de cada cuál?

El servicio de las mesas, cuando está bien hecho por los meseros, nunca se siente. Ellos deben hablarle lo menos posible al comensal para no interrumpir las conversaciones y estar muy pendientes de retirar lo que ya se terminó o ya no se usa. De preferencia deben usar guantes blancos. En lo posible pedirle al banquetero que los meseros no pidan propina, si dieron un buen servicio, a las personas les nacerá dar la gratificación.

La mesa de los novios

Hay varias formas de acomodarla. A algunas personas les gusta que la mesa sea rectangular y sentarse de un solo lado. Los novios comparten la mesa con sus papás y quedan como en aparador para que todos los puedan ver. La conversación, en este caso, no se facilita mucho y puede ser un poco incómodo para los que están ahí sentados, pues se sienten observados.

Otras familias prefieren acomodar gente a ambos lados de la mesa.

Algunos novios optan por sentarse solos, sobre todo cuando entre los papás de alguno hay problemas de separación o divorcio.

Otras parejas hacen mesas redondas que me parece la mejor manera de disfrutar y mantener una conversación entre varios.

En la mesa de los novios estarán sus papás y los hermanos de ambos, hasta donde quepan, por supuesto con sus parejas. Si no caben todos los hermanos, los abuelos son una excelente opción. Cada uno se sienta junto a su pareja.

Cuando es coctel

Algunos novios celebran su boda con un coctel, lo que es perfectamente agradable y práctico. Además, tiene los mismos beneficios de los que hablábamos cuando nos referimos específicamente a los cocteles en el capítulo anterior.

El pastel de boda

Aquí se ha dado otro cambio de costumbre. En la mayoría de las bodas de hoy se sirve un postre o se pone una mesa con varios postres a elegir. La partida del pastel es simbólica, o simplemente no hay pastel. En caso de que haya, el pastel es blanco y su diseño debe lucir a la hora de la foto.

Baile de los novios

Es el momento más emotivo de la fiesta.

Después de comer, cuando todos los invitados están más tranquilos, llega el momento del baile de los novios. Sugiero que no dejemos espacios sin música para que no decaiga el ambiente. El mejor momento para iniciar este baile es al terminar el postre, antes de servir el café. Ellos ya habrán elegido su canción con anterioridad, e irán a la pista a bailar solos.

Es importante que olviden que hay muchas personas viéndolos y que traten de concentrarse el uno en el otro. Es un momento mágico y, si lo logran, contagiarán a los demás.

Después el papá bailará con su hija y la mamá con su yerno. La canción la escoge la novia y es muy bonito que sea sorpresa para el papá. Puede ser una canción que tenga un significado especial para los dos o que la letra hable de lo que ella siente por él. El momento se hace inolvidable.

Los papás del novio esperarán su turno para hacer el cambio.

En la siguiente canción pueden sumarse ya los hermanos, los familiares y los amigos más cercanos. En caso de que haya algún problema de divorcio o de viudez entre los padres puede omitirse este paso.

El líder del grupo musical invitará al resto de la concurrencia a bailar cuando sea oportuno o simplemente puede marcar el cambio de música.

Los novios pueden ir de mesa en mesa a brindar con los invitados. Con tanto brindis, es importante estar conscientes de la cantidad de alcohol que se toma.

Será un día tremendamente intenso y emotivo que hará que los novios y quienes participen de manera cercana se sientan verdaderamente vivos.

Pasará el tiempo y llegará el momento de despedirse. Los nuevos esposos decidirán cuándo y cómo lo harán. Finalmente, ya empezaron su nueva vida.

Ojalá, después del ajetreo y de recordar cada instante de la boda, se acuerden de sus papás y les expresen lo mucho que los quieren y cuán agradecidos están con ellos a través de una carta. Hay sentimientos, hay personas, hay estilos… cada cual sabrá hacerlo a su manera.

Imprevistos en las bodas

Por más que se planeen las bodas, todos estamos expuestos a que suceda algún incidente y hay que tratar de pasarlo con gracia.

Lo primero que se pueden dar son los nervios naturales de los novios y sus papás. Puede haber crisis de sentimientos y lágrimas, por lo que hay que ser muy pacientes. A las novias les da pánico escénico y sienten que no van a poder con todo. Estos sentimientos desaparecen pronto. La novia es el centro de atención y al sentirse querida se le sube la moral y recobra su seguridad.

Todos hemos oído historias realmente preocupantes que suceden antes de las bodas, por eso hay que estar preparados para todo.

Por ejemplo, una novia que choca el día anterior y se rompe la nariz, un novio que se cae y se rompe una pierna, un incendio en el salón donde iba a ser la fiesta, el padre que se enferma. En la vida estamos expuestos a un sinfín de situaciones que pueden cambiar nuestros planes. Sin embargo, hay que tomar las cosas con filosofía y tratar de no cancelar o cambiar una boda por algo que no sea absolutamente indispensable.

Durante la ceremonia religiosa es factible tener una que otra desmayada por lo que es conveniente contar con algodón y alcohol en el coche.

En la recepción, un mesero puede tirar la sopera con sopa de huitlacoche y manchar todo alrededor, o un invitado puede resultar alérgico a la comida, lo que debe tomarse con calma.

Muchas recepciones se quedan sin hielo o sin alcohol. En algunas, hay más gente que mesas. En otras, sobran lugares por un lado y faltan por otro. Hay que tratar de arreglar todo de inmediato, pero sin morirse en el intento. Es aconsejable tener reserva de hielo y bebida. Es mejor que sobre a que falte. El humor y el sentido común son básicos en estos casos. Comparto contigo un consejo que recibí antes de las bodas de mis hijas y que funcionó: "En ese día, ve la boda por encimita, no veas los detalles y disfrútala."

Regalos

La nota o el recado que acompaña el regalo es tan importante como él mismo. Un recadito de buenos deseos escrito con cuidado y cariño, a mano, es un fino detalle.

Para la mayoría de la gente es útil que los novios pongan una mesa en las principales tiendas, y se han vuelto tan prácticas que incluso se pueden ordenar los regalos por teléfono, fax o internet. Sin embargo, algunos prefieren regalar lo que ellos quieren y las evitan.

Hay que tomar en cuenta los deseos de los novios, y estas mesas sirven para cumplirlos de una manera práctica.

Las mesas son especialmente útiles cuando los novios registran algo muy caro, como son los aparatos de la casa: refrigerador, microondas, estéreos, televisión, vajilla, etcétera; un grupo de personas puede reunirse para regalarlo.

La tradición de dar regalos en las bodas viene de tiempos remotos. Es una manera de materializar el afecto y el apoyo que se les da a los recién casados para que inicien su nuevo hogar.

Siempre que nos llega una invitación hay que enviar regalos. Por experiencia puedo decir que los primeros que llegaron son los que más ilusión dan a los novios y los que nunca se olvidan. No los enviemos el mismo día de la boda, porque nadie les hará caso. Si por alguna razón se nos vino encima el día de la boda sin haber mandado regalo, nunca es tarde. Los novios, por lo general, están en su luna de miel y todavía es tiempo de que lo reciban con ilusión.

Es importante que la envoltura sea bonita y lucidora. Los "roperazos" siempre se notan. No tengo nada en contra de ellos, siempre y cuando no se vean usados, la envoltura sea fresca y sean de buen gusto y útiles.

La cantidad que se le invierta depende de cada persona. Sin embargo, considero que debemos regalar como mínimo algo que se asemeje a lo que nos costaría una buena comida o una cena para dos, con vino, baile, etcétera.

Como ya vimos, regalar dinero es impersonal, pero puede llegar a ser práctico, sobre todo si los novios vivirán fuera de la ciudad. En estos casos, por seguridad, es mejor no dar efectivo sino cheque.

Cuando los novios agradezcan este regalo no deben mencionar la cantidad en la tarjeta. Por el contrario solo dirán: "gracias por su generoso regalo" o algo similar.

Ningún regalo debe darse en la iglesia, sino en el banquete, todos se envían con anticipación.

Los regalos pueden regresarse e intercambiarse, no hay problema.

Notas de agradecimiento

Recomiendo a los novios, que al mandar hacer sus invitaciones de boda, decidan cómo serán sus tarjetas de agradecimiento. Estas tarjetas no sólo serán útiles para ese momento, se utilizan toda la vida. Por lo general son blancas o color crema, dobles, con sus nombres grabados o impresos en el exterior, según el presupuesto. Si la novia es muy organizada puede escribir la tarjeta el mismo día que recibe el regalo. Da muy buena impresión recibir la tarjeta de agradecimiento cuando acaba de pasar la boda. También puede hacerse al regresar de la luna de miel. Es ideal si llegan máximo un mes después de la boda.

Lo mejor es escribir la nota de agradecimiento a mano, con tinta negra en la parte interior de estas tarjetas. En las líneas se especificará el regalo, lo mucho que les gustó, lo bien que se ve en su casa o lo útil que será.

Hay que evitar por completo las tarjetas impresas con un texto como el siguiente: "Agradecemos las atenciones recibidas con motivo de nuestro matrimonio y nos ponemos a sus órdenes en el teléfono tal."

Es algo totalmente impersonal. También evitemos una nota como la siguiente, es muy fría:

Queridos Susana y Juan:

¡Muchas gracias por su regalo, está precioso!

Carla y Toño

Es mucho mejor algo así, aunque requiera más tiempo:

Queridos Susana y Juan:

Nos encantó que estuvieran con nosotros en la boda.

Mil gracias por el florero que nos regalaron. Se ve precioso en la sala.

Les mandamos un fuerte abrazo.

Paola y Diego

Muchas veces, los novios aprovechan estas tarjetas para informar su domicilio a sus parientes y amigos.

POSPONER LA BODA

A veces sucede y por muchas razones. Desde la muerte de un familiar muy cercano, hasta porque al novio le dio hepatitis o por un accidente.

Si las invitaciones ya se imprimieron y se enviaron, los padres de los novios o los novios mismos tendrán que mandar una tarjeta por correo. Si ya está muy cerca la boda, quizá sea necesario usar el teléfono.

SIEMPRE NO NOS CASAMOS

Aunque es muy triste, llega a suceder, y es un momento sumamente difícil para todos.

Si hay tiempo, un aviso formal, impreso, puede ser enviado por correo. Si es demasiado tarde, entre los familiares se pueden dividir la lista de amistades para avisar personalmente.

Los novios no están obligados a dar explicación alguna por su rompimiento. La gente educada evitará el morbo y las preguntas absurdas.

Éste es un momento de compresión y no de chisme. Lo mejor que se puede decir es: "Los dos estamos de acuerdo en que la boda tendrá que cancelarse." No es necesario especificar quién decidió romper el compromiso.

La mujer regresará el anillo de compromiso y ambos devolverán todos los regalos a sus invitados, con una pequeña nota de agradecimiento que informe que la boda ha sido cancelada. Los compromisos contraídos con anterioridad, como la música o el banquete, se tendrán que pagar de todas maneras.

SEGUNDAS Y TERCERAS BODAS

Estos matrimonios cada vez son más comunes. Algunas personas cuando tienen 45 años van a más segundas bodas de gente de su edad que a primeras bodas de las edades de sus hijos.

Cuando uno se casa por segunda vez debe imperar el buen gusto. Se festeja con una ceremonia sencilla, con amigos y familiares. Lo más probable es que se lleve a cabo una ceremonia civil, tan privada o tan grande como los novios lo deseen.

En estos casos, un vestido discreto y elegante es la mejor opción para la novia. Evitar el color negro y rojo, los escotes, la pedrería, los vestidos entallados o muy cortos.

Los novios, generalmente, se encargan de cubrir los gastos salvo en ocasiones especiales en que los padres aún ayudan.

En las segundas bodas, los novios son quienes invitan.

Los hijos en las bodas de sus papás

En estas bodas hay que tomar en cuenta los sentimientos de los hijos y de los ex cónyuges. Ellos deben ser de los primeros en saberlo.

Esta situación siempre es dolorosa y complicada. ¿Cómo no les va a doler a los niños que su papá o su mamá se case con otra persona después de haberse separado? Es comprensible. Además, es lógico que sientan miedo. Los cambios aterran y éstos más. El involucrar a los hijos y hacerlos sentir importantes, especialmente en este día, facilitará las cosas. Los pueden hacer participar, dependiendo de la edad, ya sea como pajes, testigos o que lean en la ceremonia (si la hay).

En dichas situaciones, tan incómodas, todos están bajo una enorme presión emocional y, el día de la boda, las cosas pueden explotar si no se han controlado desde el principio.

La civilización y la cortesía para las nuevas relaciones serán indispensables. El respeto será regla de oro y mientras menos se altere, será mejor.

En el caso muy triste de que haya muerto uno de los esposos, el que vuelve a casarse deberá invitar a sus ex suegros a la boda. El nuevo matrimonio se esmerará en continuar la relación de los niños con los abuelos, procurarlos y visitarlos lo más posible. Para todos será un gran beneficio.

Despedidas de solteros en segundas bodas

Son poco comunes. Sin embargo, son una forma de apoyar a la nueva pareja y celebrar con ellos. Supuestamente, en estos casos ya se tienen casi todas las cosas necesarias para la casa. De ser así, el grupo de amigos podrá hacer una despedida con regalos para el bar, un CD, libros, etcétera.

Los regalos en segundas bodas

Aunque a veces lo dudamos, sí se dan regalos en las segundas y terceras nupcias.

No importa las veces que una persona se haya casado, querrás festejarlo y ofrecerle tus mejores deseos.

Una vez más, la nota que acompañe su regalo llegará a ser tan importante como el regalo mismo. Piénsalo bien antes de escribirla.

Conclusión

De todos los ritos, la boda es la más significativa, pues implica un cúmulo de emociones, trabajo, gastos, compromisos, dudas, presiones y, a veces, conflictos. Tantas decisiones a tomar ofrecen la oportunidad perfecta para que aparezcan.

A los padres nos toca usar toda nuestra paciencia e inteligencia.

A los hijos, controlar un poco sus nervios y saber solicitar las cosas de buen modo.

Como dijimos al principio del capítulo, mientras más claro tengamos qué queremos, quién hace qué y quién paga cada cosa, todo saldrá mejor.

El tiempo pasará y sólo quedarán los intensos recuerdos de un día sin igual.

ANIVERSARIOS

Pocas ceremonias son tan emocionantes como las bodas de plata y las bodas de oro. Es realmente esperanzador ver al matrimonio celebrar sus años juntos, rodeados de hijos y nietos.

Siempre es conmovedor ver a la pareja renovar frente al altar sus votos de matrimonio y agradecer las bondades de la vida.

En esta época en que muchas parejas se separan, hacer que un matrimonio viva saludable es todo un logro.

Por lo general, los aniversarios que se festejan en grande son los de 25 y 50 años de casados. Sin embargo, no hace falta esperar tantos años para celebrar la fecha de la boda, con una cena o salir un fin de semana solos, será suficiente. Es una buena ocasión para revivir el amor y reafirmarlo.

En caso de celebrarlo con una fiesta

Como en la boda, habrá que hacer cuidadosamente una lista de invitados.

Las invitaciones pueden ser grabadas o impresas.

En las bodas de plata pueden invitar directamente a los papás o los hijos, depende del gusto de cada quien.

En las de oro, son los hijos, nueras, yernos, nietos y bisnietos quienes invitan a celebrar el aniversario.

En estas invitaciones se especifica el día y la hora del evento religioso y el lugar donde se llevará a cabo la recepción. Cada pareja elige si será una comida, que es lo más común, una cena o un coctel.

Para el éxito, otra vez los detalles

Una buena comida, mesas calculadas, perfectamente adornadas con flores, vinos y licores.

Quizá un pequeño recuerdo para los invitados. Música, tanto en la ceremonia religiosa, como en la fiesta; fotos y video para no olvidar ese día.

Regalos

En estas ocasiones, el regalo debe ser más pensado. Es gente que muy probablemente ya tendrá una casa llena. Hay que buscar algo significativo. Por ejemplo, se puede regalar un marco con una fotografía amplificada de la pareja, la invitación de bodas original grabada en una charola o un álbum de fotos, etcétera.

En algunas fiestas de aniversario, los hijos hacen un video de los años de casados de sus papás, que inicia desde la boda o desde que eran novios. Esto resulta emotivo y conmovedor.

También los nietos o los hijos pueden componerles una canción especial, o leer algo que entre todos escribieron u organizar una pequeña obra de teatro.

CÓMO VESTIR PARA UNA BODA DE DÍA

Mujeres

Un vestido de gasa, un traje sastre de tres piezas, o un vestido con saco es lo apropiado. Ya que si a mediodía hace calor, se puede quitar el saco y quedar con un vestido o una blusa de tirantitos, que le permitirá bailar muy bien. En la tarde, por lo general, refresca. En caso de llevar vestido puede combinarlo con una *pashmina* (chal de *cashemere* muy delgado y calientito, que al enrollarlo queda muy pequeño y práctico de guardar).

El color que sea de medio tono a claro. Evite vestirse de negro o de color blanco si su relación es muy cercana a la novia. El diseño del vestido debe ser sencillo y con un toque sofisticado. El largo puede ser a media pierna, al tobillo o *chanel*, los muy mini no son apropiados (ni en una joven).

Las telas adecuadas pueden ser: lino, jersey de lana, gasa, algodón, seda.

Si la boda es en un jardín, o en el campo, es la perfecta ocasión para usar un sombrero o una pamela. Procura que ésta no sea más ancha que los hombros. Puede ser del tono del vestido o hacer juego con los zapatos.

En cuanto a los accesorios, que sean discretos. Unos aretes pegados al oído, de perla, de oro o plata quedan muy bien. En el campo, los brillantes no son apropiados.

Los zapatos deben ser de un tacón mediano a bajo. Los muy altos son para la noche.

La bolsa debe ser pequeña, de piel o tela.

El maquillaje, discreto.

Hombres

Un traje azul marino o gris es lo adecuado si la boda es muy elegante, si no es muy formal, puede ser el traje en tono beige, verde militar o gris claro.

Si la boda es en la playa, lo ideal es una camisa de manga larga blanca, de lino y un pantalón negro de lino (a menos que la invitación indique traje) sin saco y sin corbata.

En caso de llevar traje, la camisa puede ser de cualquier tono clásico, como azul claro, de rayas finas o blanca. Por supuesto, evitar las negras.

Zapatos. Si llevas traje, lo correcto es usar zapato de agujeta con calcetín. Si sólo usas la camisa de lino y pantalón, un mocasín negro sin calcetín se ve bien.

En cuanto a los accesorios. Por favor no te pongas nada más que un reloj discreto y tu argolla de casado (si es que usas). No se ve bien ningún tipo de cadena o pulsera.

BODAS DE NOCHE

Mujeres

En la noche, los vestidos largos, en telas como seda brillante, *shantung*, tafeta, crepé, *moirée* o terciopelo si es invierno, van muy bien.

El diseño puede ser un poco exagerado o vanguardista. Cuidado con los vestidos muy ceñidos al cuerpo si no se tiene la edad o la figura. Por lo general, entre más sencillo es el vestido, más elegante se ve. Si la invitación dice "etiqueta rigurosa", significa vestido largo.

En cuanto a los colores, pueden ser muy brillantes, llamativos o el clásico negro. Por lo general, los vestidos lisos lucen mejor que los estampados.

Los accesorios pueden ser grandes. Sólo hay que cuidar que el foco de atención sea uno.

Los zapatos de tacón alto, escotados y abiertos del talón son muy femeninos.

Para cubrirte te sugiero un chal de lana delgada, en invierno puede ser de terciopelo, en verano de gasa o de seda. El saco de piel llévalo sólo en época de invierno.

El maquillaje puede enfatizarse más.

Hombres

Si dice coctel, puedes llevar un traje negro con camisa blanca y sólo blanca. De preferencia con mancuernillas. Corbata de seda en el tono que te guste. Zapatos negros de agujeta y calcetín liso negro. Puedes también poner un pañuelo de seda blanco o rojo en la bolsa del traje. Esto le da un toque de elegancia.

Si dice "etiqueta rigurosa" indica que hay que ir de esmoquin negro. El esmoquin se acompaña de camisa siempre blanca que puede ser de cuello de paloma o de cuello clásico. En ambos casos la corbata es de moño y negra. Son más elegantes las que se anudan en el momento. Se lleva una faja negra y los botones de la camisa son negros también. Por supuesto la camisa es de mancuernillas.

Los zapatos son negros de charol y calcetín delgado negro. En la bolsa puede poner un pañuelo de la misma forma que en el traje.

BODA. EN RESUMEN

- La boda es de los novios y para los novios.
- Organizar una boda requiere trabajo, es una tarea que conviene compartir.

- Las primeras preguntas que surgen son: el tipo de boda, el lugar, el día. A quién y a cuántos invitar. Quién pagará qué.
- Es indispensable hacer una lista para saber en qué se va a gastar.
- Las invitaciones clásicas son perfectas. Los novios eligen el papel, el tipo de letra, la impresión o grabado, el sobre y demás detalles.
- Una macroagenda ayuda a toda la planeación. Incluye en ésta todos los datos de los que participarán en las ceremonias civil y religiosa y en la recepción, tanto invitados como profesionales que brindarán sus servicios.
- Para contratar el video y la fotografía, revisa el portafolio de varios profesionales, pónte de acuerdo con ellos y explica claramente lo que esperas.
- La música es esencial. Elíjela con cuidado.
- El vestido de la novia lo escogerá ella y lo pagará el novio.
- Las madres de los novios vestirán con elegancia y discreción en la boda.
- Los padres de los novios vestirán de acuerdo con la formalidad y la hora del evento, *frac* o *jaquette*.
- La edad de las damas será cercana a la de la novia. Ella escoge el diseño del vestido y la tela. Ellas cubren los gastos.
- El anillo va en el dedo anular de la mano derecha. Lleva grabados los nombres y la fecha.
- Las flores embellecen todo. No escatimes.
- Cuando la boda sea en tu casa, asegúrate de que la gente esté cómoda. Acondiciona baños.
- Si contratas a quien va a servir en la boda, asegúrate de entender todo lo escrito en el contrato.
- La comida debe ser deliciosa, suficiente y bien presentada.
- El baile de los novios es después de comer. Ellos eligen su canción de antemano.

- Cuando vayas a hacer un regalo de bodas toma en cuenta lo cercano que eres a los novios, cuánto puedes gastar y qué necesitan.
- Los regalos pueden regresarse o intercambiarse. Se reciben en casa de los novios.
- Al regresar de la luna de miel los novios mandarán tarjetas de agradecimiento escritas a mano.
- Si se tiene que posponer la boda y aún hay tiempo, se envía una tarjeta por correo. De lo contrario se llama por teléfono.
- Si la boda se cancela, la novia regresa el anillo de compromiso.
- En segundas y terceras nupcias sí se dan regalos.
- Aniversarios: se festejan en grande los 25 y 50 años de casados.
- Las bodas de plata, a los 25 años de casados, las organizan los padres. Las de oro, a los 50 años, las organizan los hijos.
- En ambos casos se dan regalos significativos y bien pensados.

LA BODA JUDÍA

> *Quien no tiene esposa vive sin alegría,*
> *sin bendición y sin felicidad.*
>
> YEVAMOT 62 V, TALMUD

El matrimonio es una de las instituciones más sagradas en la vida judía. Es a partir de él que se genera la creación de un hogar, en donde se transmiten y enseñan todos los valores y las tradiciones de su religión. Para los judíos es la forma de enriquecer las costumbres de su pueblo.

Una semana antes de la boda

El honor de la Torá para el novio: se acostumbra honrar al novio en la sinagoga, el día del *shabat*. Antes de la boda se le llama a que

suba a la Torá, ahí inicia la boda, ahí es cuando los familiares ofrecen una recepción y se hace la bendición al vino llamada *Kidush*.

El honor de la Torá para la novia: se hace honor a la novia en
la tarde del *shabat*. Las mujeres cercanas a la novia, parientes y
amigas, se congregan para realizar el "*shabat* de la novia". Se pla-
tican historias de su amistad común, además de compartirle sus
pensamientos acerca del futuro matrimonio.

Visita de los novios al *Mikve* (el baño ritual). Para prepararse para uno de los acontecimientos más importantes de sus vidas
algunos de los novios van al *Mikve* y después participan en una
fiesta sólo con amigos.

Las novias van al *Mikve* por primera vez antes de su boda, para
una ceremonia de inmersión y purificación. La novia, desnuda,
dice una bendición y se sumerge siete veces en una tina de agua
corriente, junto a las mujeres de su familia y a veces con sus amigas. Algunas novias, después de este baño, hacen una pequeña
reunión para festejarlo.

La distancia de la novia: el rito tradicional señala que después
de que la novia visitó el *Mikve*, no podrá hablar o ver a su futuro
marido hasta el día de la boda, aunque deba esperar una semana.
Esta costumbre es para evitar posibles tensiones entre los novios,
que por lo general están con mucha presión y, también, porque se
dice que trae buena suerte al matrimonio.

Cuándo y dónde casarse

Por lo general, los matrimonios se llevan a cabo los sábados por la
noche o los domingos. La ceremonia puede realizarse en la sinagoga, en un salón o en una casa. No pueden suceder durante las
múltiples festividades judías.

El contrato

Las bodas judías empiezan con la firma del contrato llamado *Ketubá*, en el que se establecen las obligaciones y los derechos de ambos novios. Originalmente lo firmaba el novio y se lo entregaba a la novia para que lo guardara; en la actualidad, la novia también firma. Se acostumbra enmarcar el *Ketubá* y colgarlo en la casa.

Una vez firmado, el novio se acerca a la novia y la mira a la cara con atención. Al confirmar que ésa es la mujer con quien se quiere casar, le baja el velo sobre la cara. Esto se hace como representación de la historia aprendida de Jacobo, que se casó con Leah en vez de con Raquel, su verdadero amor. Leah pretendió ser Raquel tapándose el rostro con el velo, para evitar que Jacobo supiera quién era ella.

El lugar

La ceremonia se realiza en el *Jupá* (palio nupcial), que simboliza la consumación del matrimonio. Se dice que sus orígenes vienen desde tiempos bíblicos, cuando los novios utilizaban una corona de laurel durante la ceremonia o, también, que es un vestigio de la vida bajo las carpas en el antiguo Israel.

La *Jupá* suele ser de seda, satín o terciopelo bordado y con alguna decoración en los bordes. También en lugares soleados se hace la *Jupá* de flores. El pabellón se soporta en cuatro postes que, en algunos casos, pueden ser amigos o parientes. Debajo del *Jupá* se pone una mesa, con dos vasos y una botella de vino para el *Kiddush*.

La ceremonia

Por tradición, todos los parientes inmediatos son parte esencial de la boda, los novios son escoltados por sus familiares y pueden elegir diferentes combinaciones: el novio puede ir solo o con su padre, los papás pueden ir juntos, y la novia puede entrar sola o acompañada por su padre. Por lo general a los abuelos se les hace partícipes de esta procesión.

Cuando la novia llega a la *Jupá* se para a la derecha del novio. En las tradiciones ortodoxas, la novia puede girar alrededor de él siete veces, representando las siete bendiciones de la boda. El número siete representa la idea de los siete cielos, de las siete bendiciones de la boda y de los siete días de la creación.

Las ceremonias matrimoniales judías constan de dos partes:

- Desposorio o santificación (*Kidushín*), durante el cual el novio, al colocarle el anillo a la novia, hace la declaración de matrimonio. Ella da su consentimiento y se transforma en su esposa.
- Matrimonio (*Nisuín*) es la consumación de la promesa, en tanto se recitan las siete bendiciones.

Argolla matrimonial

La tradición indica que el anillo es el símbolo de la perfección y de la eternidad, y debe ser de un diseño muy sencillo en oro, sin diamantes ni piedras preciosas. Es el círculo infinito. Es importante simbolizar la pureza de valores como la igualdad, sin hacer alarde de la riqueza ni de la ostentación.

Se dice que dado que el anillo no tiene valor, la validez de la ceremonia matrimonial no puede ser puesta en duda. Un anillo liso simboliza un camino sin obstáculos para la pareja.

En la ceremonia, el anillo se pone en el dedo índice de la mano derecha porque es el dedo de la inteligencia (es el dedo que señala las palabras al momento de leer la *Torá*). Las novias modernas suelen cambiar el anillo de la mano derecha a la izquierda después de la boda.

La unión de la pareja puede ser llevada a cabo por los rabinos, o por cualquier persona que conozca las leyes relativas al matrimonio.

Los novios beben de la misma copa, como expresión de que tendrán que compartir un destino común. Posteriormente, se acostumbra leer la *Ketubá* o documento que formaliza el matrimonio religioso.

Para finalizar la ceremonia, el novio pisa una copa de vidrio hasta romperla, en recuerdo de la destrucción del antiguo templo de Jerusalén por los romanos en el año 70 de nuestra era. Esto también nos recuerda que el matrimonio puede ser tan frágil como el cristal, y que en la vida hay obstáculos y penas que pueden alterar la felicidad.

Luego, los invitados les desean a los novios *Mazel Tov*, que significa buena suerte. Después del cortejo, los novios se retiran a solas a una habitación privada para reposar un momento y unirse. A este acto se le llama *Yihud*, y, según las costumbres, es ahí donde toman un caldo caliente, para después partir hacia la recepción.

La celebración

La celebración o *Seudat Mitzvá* es, como su nombre lo indica, un gran *Mitzvá*, "un gran festejo para alegrar al novio y a la novia". En él hay música, danza, deliciosos platillos y expresiones de alegría, como son tradicionalmente las bodas judías.

Si la novia o el novio es el último hijo en casarse se realiza otra danza especial para los padres, celebrando el éxito de haber casado a todos sus hijos.

Los gastos

La familia de la novia paga todo el evento, incluyendo el vestido. El novio paga únicamente, el ramo y, por lo general, la luna de miel.

"AMOR DURADERO"

En todos los matrimonios, por bien que se lleven, de pronto surgen diferencias. El hombre y la mujer representan dos formas diferentes de ver la vida, dos personalidades, dos formas de ser. Somos dos egoísmos; esto es una realidad humana. Lo anterior produce un enfrentamiento que, en estado de gravedad, se convierte en silencio conyugal y de ahí se puede ir al abismo disfrazado.

Para salvar el amor es necesario proponerse buscar formas de unión. Esto no es espontáneo, no brota de la simple bondad del corazón. Como dice Enrique Rojas: "Amar es un acto de la voluntad." La vida por sí sola, no quita los defectos que podamos tener, en el mejor de los casos los empeora. Se necesita "querer ser" mejores para el otro. Es una tarea de reforma personal continua, sosegada y consistente. Hay que estar conscientes de que la esencia del matrimonio es vivir en común, lo que significa respetar, ceder, compartir, entregarse y tolerar.

La vida no está formada por días y horas, sino por detalles cotidianos que facilitan y alegran la convivencia. Sólo cuando hay voluntad de tenerlos, la relación se convierte en una decisión, no en una adicción.

He aquí algunos elementos importantes que el asesor matrimonial, Cipriano Sánchez, aconseja para mantener la armonía en la pareja:

- Mantenerse enamorados es una decisión. A todos nos ha pasado que un día amanecemos con la idea de que nos molesta nuestra pareja. Es normal, es lógico. Sería irreal lo contrario. A una amiga le preguntaron que si algún día le había pasado por la mente divorciarse de su marido. A lo que ella contestó: "Divorciarme no, pero matarlo, mil veces." Cuando nos sucede esto, hay que seguir la receta de la Madre Teresa: "Para curar heridas, hay que pasar con un amor por encima del sentimiento."

- Equilibrar los pensamientos y las emociones. Al principio todo es pasión. El amor para que perdure necesita madurar, crecer y profundizarse. El atractivo físico un día se acabará, la relación psicológica se desgastará, lo que queda, lo que sostiene, es haber generado una relación espiritual que trascienda y permanezca.

- El amor es frágil, hay que cuidarlo. El amor no viene en el paquete del matrimonio. No está garantizado. Hasta el mejor amor se desvanece si no se nutren las reservas. El 70 por ciento de la infidelidad en parejas se debe a sentimientos de soledad. En estos casos un tercero entra fácilmente. Si nos paramos en dos pies y alguien nos empuja, será difícil caernos. Si nos paramos en uno, es muy fácil perder el equilibrio y caer.

- Firmeza en el esfuerzo cotidiano. Hay veces en que se lucha, y no se ven resultados inmediatos. Si vamos en un camión a 200 kilómetros por hora, cargado de un gran peso y de pronto queremos frenar, no se puede, tardaremos en parar. Lo mismo sucede en una pareja que no se ha consolidado con anterioridad. Los frutos no se verán de inmediato, sin embargo, mucho hace quien mucho ama. Con tenacidad, éstos llegarán. Es cuestión de mantenernos firmes.

- Mantener los elementos esenciales. Ingenio, buen humor, inteligencia y voluntad para generar una convivencia enriquecida.

Es paradójico que el primer riesgo de alejamiento que tenemos como pareja son los hijos. Surgen en lo cotidiano frases como: "Si ya no te hago cariños, es por los hijos", "Si ya no me arreglo, es por los hijos", "Si trabajo tanto, es por el bien de nuestros hijos", "Si me duele la cabeza, es por los hijos". De pronto aparece una muralla. ¿Cuánto y hasta dónde debemos cuidar a nuestros hijos y trabajar dentro y fuera de la casa? Los hijos se van y los dos volveremos al punto de inicio.

- Descubrir la importancia de la vida sexual. Rescatar la idea de que este aspecto es importante no sólo por el placer en sí, sino por la entrega, el encuentro, la profunda comunicación espiritual que provoca. Recordar que el propósito no es encerrarse en uno mismo, sino buscar y entregarse al otro para hacerlo feliz.

- Compartir. A veces parece que cuanto más pasa el tiempo, menos abrimos el corazón para comunicarnos. Compartir lo que pensamos, nuestros sentimientos, nuestras experiencias, nos mantiene unidos. ¿De qué platicábamos cuando éramos novios?

- Convivir. Hay que tomar la decisión de hacer pareja. Una vez que pasa el enamoramiento decir "te quiero", el tener un gesto de cariño, una caricia, una sonrisa, el pedir una disculpa, son detalles que fortalecen una relación y vencen al enemigo de la monotonía.

- Comprometerse. Es invitar al otro a hacer un proyecto de vida en conjunto, sin renunciar a ser uno mismo, mientras mantenemos nuestra individualidad. El amor sin compromiso no es amor. Buscar este equilibrio deberá ser la meta en pareja.

Un avión despega con más facilidad cuando tiene el viento a favor. Por medio de él, es que toma fuerza y se levanta. Una relación de pareja comienza llena de ilusiones y se encontrará con varios retos en el camino, que serán como ese viento. Sólo con el amor se podrán vencer. Lo que les dará fuerza para que el matrimonio se levante y vuele.

La mujer casada

Aun en el matrimonio hay reglas que tanto hombres como mujeres debemos promover. Si de pronto, como esposas, nos sentimos tristes porque queremos que nuestro esposo nos valore más, nos ponga más atención, las reglas que a continuación comento funcionarán muy bien. Nunca es tarde para empezar.

- Dale un vistazo a tu apariencia. No hay nada que garantice la atracción incondicional de un esposo. ¿Cómo anda tu peso? ¿Hace cuánto que no cambias el estilo del peinado? ¿Qué porcentaje de la semana te ve en *pants* o pijama? No pensemos que esto es superficial o que hay cosas más importantes que hacer. La apariencia sí importa. Después de cinco meses de haber nacido el bebé no hay pretexto para que una mamá no esté en forma. Hay que vestirnos apropiadas, pero no como monjas. Un poco de coquetería con buen gusto en el vestir y en el actuar es necesaria.
- Busca momentos para estar solos. A veces nos sentimos tan seguras de que el amor va a ser para siempre, que nos enfocamos en lo práctico, lo cotidiano y sacamos de nuestras vidas la magia, el romance, el misterio y la sexualidad. La vida en familia nos deja poco tiempo para conversar, para salir a comer en pareja, para cenar, para escaparnos el fin de semana solos, sin sentirnos culpables. Asimismo, los niños deben aprender que es normal encontrar de pronto la puerta de la recámara cerrada con llave. Dale tiempo a la intimidad.
- Construye su propio castillo. Es importante tener otros intereses, otras actividades fuera de la casa. Esto te da conversación, una visión diferente del mundo y, lo mejor: valor personal. No importa que trabajes, te dediques a una obra social, practiques un deporte o estudies, lo básico es que de alguna manera te vuelvas a sentir bien y eso se reflejará en tu relación. Al hombre le atrae una mujer que puede ser independiente, aunque haya escogido no serlo.

- Sé una compañera agradable para convivir. Cuando el hombre llega a la casa, con frecuencia nos encuentra de mal humor, cansadas, nos quejamos de cualquier cosa, de la falta de dinero, del tamaño de la casa, de que hace mucho no nos dice "te quiero", de cómo nos contestó un hijo, etcétera. A veces estas quejas son válidas; sin embargo, si son constantes no lograrán modificar nada y sí lograremos que nuestro esposo huya de la casa y busque cualquier pretexto para llegar tarde. Recordemos que según las encuestas, lo primero que busca el hombre en la compañera de su vida es que sea cariñosa y después alegre.

- No lo celes. Convertirnos en vigilantes de nuestros esposos, llamar con frecuencia a la oficina para comprobar que está trabajando, vigilar cada uno de sus movimientos, buscar manchas de labial en la camisa o revisar las notas de consumo o su correo y sacar conclusiones precipitadas sin fundamento, son actitudes que matan por completo los sueños. El hombre es como el pájaro, si lo sostenemos con la mano extendida, se quedará feliz; pero si cerramos la mano para retenerlo sentirá el deseo de escapar.

- Dale su espacio. A los hombres les gusta, de repente, aislarse un poco. Si quiere ver el futbol sentado en su sillón favorito o sabes que le gusta leer por las mañanas el periódico mientras desayuna, tratemos de no interrumpir.

Si lo hacemos, seguro nos van a contestar en forma indiferente, o simplemente no nos harán caso. Es mejor aceptar que tienen su propio mundo y ocuparnos del nuestro.

Como ves, estas reglas son exclusivamente un trabajo personal. Es cuestión de nunca aflojar el paso, ya que como dice John Walsh L. C.: "La mediocridad en nuestra relación es precisamente lo que le abre las puertas a la traición."

El hombre casado

"¿Y los hombres qué" Parece que escucho el reclamo de las mujeres. Ahora les toca a ellos.

No tiene marcha atrás la cada vez más atractiva participación de la mujer, por tanto, se nos plantea la necesidad de establecer una nueva forma de relación entre los sexos, con ánimo de encuentro. Si partimos de la base de que somos dos seres complementarios, que unidos formamos esa célula básica en la sociedad, de totalidad y de plenitud, estaremos de acuerdo en que las reglas para los hombre son, principalmente tres:

- Déjala ser. La realidad es que las tareas de la casa no cumplen con la sensación de logro y satisfacción. Cuando a una mujer se le promueve el derecho que tiene de buscar su espacio; cuando con amor se le motiva, se le exige crecimiento personal, y al mismo tiempo se asume el costo que esto pueda tener, esa mujer se vuelve vida. Vida en su familia, con su esposo y con ella misma. La sensación de crecer como persona hace que esa mujer se sienta plena, satisfecha, útil a la sociedad. Eso la hace corresponder con actitud y gratitud. El costo que paga el esposo es, quizá, el tiempo de estar con ella, ayudarle a cambiar pañales o quedarse con los niños, sin embargo, vale la pena, te conviene. Déjala ser pero no por concesión, sino por convicción.

- Dale tiempo a ella y a su relación. Milan Kundera cuenta en su libro *La lentitud* que un día un tipo iba manejando su auto con su esposa y por el retrovisor observó al hombre de atrás que desde su coche emitía ondas de impaciencia para lograr adelantarlo. Como ave de rapiña que acecha a un ruiseñor.

  Kundera decía que si ese hombre le bajara a la velocidad, podría apreciar el paisaje. Se preguntaba, ¿por qué no aprovechar para contarle a la mujer que va con él algo gracioso? ¿Por qué no descansa una mano en la rodilla de ella? En lugar de eso, maldice al automovilista que, delante de él, no avanza lo bastante rápido.

Lo compara con un paseo en carruaje, donde la lentitud de la cadencia provoca una atmósfera de sensualidad que envuelve a los cuerpos que, mecidos por el movimiento, primero se rozan sin querer y luego queriendo.

¿Cuántas veces el hombre va tan rápido que no sabe nada de su mujer, de sus hijos, y se sume en una especie de éxtasis permanente que lo aleja de lo importante?

- Tenle confianza. A veces el hombre siente como pérdida el hecho de que su mujer deje de estar exclusivamente al cuidado de él y de sus hijos. En el fondo existe el temor de que ella tenga otros intereses, conozca a otras personas y se abra nuevos caminos. En lugar de preocuparse por eso, ocúpate mejor de conquistarla, ten detalles con ella, cuida tu físico, tómala de la mano. Lo importante en el amor no es la sensación, sino la duración y eso depende de los dos.

Como ves, las reglas para el hombre son las mismas que rigen a la mujer. Por lo tanto, estoy convencida de que la relación entre los dos es un trabajo de ida y vuelta.

El valor de comunicarse por escrito

 ℰ⁓

*Una carta manuscrita tiene algo
de huella y tatuaje.*

A. MUÑOZ MOLINA

Nuestra comunicación escrita es muchas veces más elocuente que la verbal. La forma en que nos dirigimos a los otros, la capacidad de expresarnos y organizar ideas y conceptos nos expone ante los demás. Por eso es tan importante que la cuidemos y cultivemos a lo largo de la vida.

No importa si se trata de un recado pegado en el refrigerador, de una carta de disculpas, una felicitación o un mensaje de trabajo; tampoco si es un telegrama, fax, nota o correo electrónico, lo importante está en lo que escribimos y cómo lo escribimos, así mostramos quiénes somos.

Escribir no es tarea fácil. Muy pocos hombres y mujeres privilegiados poseen la magia en la pluma; sin embargo, todos podemos esforzarnos para ser claros y precisos en nuestra comunicación escrita.

Si además de escribir asuntos de trabajo o de estudio, nos tomamos el tiempo para escribir cartas a nuestros seres queridos, enriqueceremos nuestro mundo y el de ellos.

Con la lectura y la práctica, las palabras fluyen con mayor facilidad y el alma descansa al expresar lo que sentimos. Es evidente que es mucho más cómodo, rápido y directo descolgar el teléfono y hablar con la persona para decirle lo que pensamos, pero la comunicación es diferente, y el impacto de lo escrito será mayor.

Hay ocasiones en las que es imprescindible escribir una carta. Es sinónimo de profesionalismo, educación y deferencia hacia los demás. En ella podemos expresar temas o sentimientos que por teléfono o en una conversación nos es difícil abordar; y no me refiero a una carta de negocios en la que solicitamos un préstamo, sino a las cartas que expresan lo indecible, ya sea por timidez, miedo o por lo delicado del tema. Al escribir ordenaremos nuestro pensamiento y se clarificarán las emociones.

Hace poco escuché a una niña que al cumplir quince años recibió una carta escrita por su mamá, y le dijo: "¡Mamá, nunca imaginé que pensaras así de mí! ¡Qué bueno que me escribiste!" Éstos son los verdaderos tesoros de la vida.

El arte de escribir cartas

Hablo sin boca…
Vuelo sin alas…
¿Quién soy?

Saber escribir una carta es un don. Hay quienes lo hacen tan bien, que al leerlas nos parece tener a la persona junto platicándonos. ¿Cómo lo logran? Creo que la clave es que escriben desde el corazón, con palabras sencillas, sin frases hechas.

También es conveniente que mencionemos el nombre de la persona a la que nos dirigimos a lo largo de la carta, pues esto la personaliza: "Como verás, Álvaro, me sentí feliz cuando vi a mi hijo ganar el torneo de tenis…"

Se puede jugar con la puntuación para enfatizar y si algo te parece importante, probemos subrayar la palabra o la frase. No olvidemos que la brevedad es siempre apreciada.

Otro detalle que hace agradable a una carta es que no comience en forma negativa o con reclamos. El primer párrafo siempre debe referirse a la otra persona y en forma positiva. Por ejemplo, es muy distinto leer: "Me parece fatal que no me hayas escrito…", a "Te escribo con muchas ganas de saber pronto de ti".

La ortografía, la limpieza y las palabras que utilizamos también son básicas si queremos que nuestra carta impacte favorablemente al otro, ya que la palabra escrita permanece y los pensamientos puestos en papel pueden durar por cientos de años, incluso, quizá hasta los vean nuestros descendientes. No creo que queramos ser objeto de burla de nuestros bisnietos.

La forma epistolar presenta algunas ventajas sobre los mensajes orales, citemos algunas:

- La carta se lee en un espacio corto de tiempo, cuándo, dónde y cómo nos convenga.
- Una llamada puede interrumpir lo que estamos haciendo y nos obliga a contestarla.
- La carta puede ser guardada y releída.
- A las palabras se las lleva el viento.
- Los sentimientos expresados por escrito dejan huella, permanecen, se disfrutan cada vez que los leemos.
- Una carta implica que alguien se tomó el tiempo e hizo un esfuerzo para crear un mensaje personal para nosotros.
- Cada carta tiene un propósito específico; y sus tonos son muy distintos. Se pueden escribir: cartas de amor, de perdón, cartas que pretenden mantener un contacto o cartas para dar ánimo. Incluso hay algunas en las que se solicitan fondos.

Consejos prácticos para escribir cartas

- Elige un momento en el que estés relajado y con ganas de escribir.
- Usa una pluma con buen punto y tinta negra (se considera la más formal).
- Usa un buen papel después de ensayar en un borrador para no desperdiciarlo. Me ha pasado que arrugo cinco hojas antes de lograr la definitiva.
- Piensa antes de escribir. Haz una lista de los puntos principales que quieres tratar.
- A partir del segundo párrafo, todos deben comenzar con sangría y no ser de más de cinco o seis renglones, ya que así se invita visualmente a la lectura.
- Relée la carta y corríjela.
- Sé breve.
- Escribe una posdata, se ha comprobado que es lo que las personas leen primero y recuerdan más.
- Cuando sean cartas personales, evitemos escribirlas en computadora. Dejemos esto para los negocios. Si de plano ya no se nos facilita escribir a mano, cuando menos cerremos la carta con un recado escrito con nuestro puño y letra y firmémoslo.

Presentación

Escribamos con un margen lógico y usemos sangría. Hagámoslo derecho y con letra legible. Podemos utilizar una hoja rayada debajo del papel blanco como guía.

La fecha se escribe en la parte superior derecha, con día, mes y año, y vale recordar que el mes puede escribirse con letras o con números romanos.

Evita que tu carta tenga tachones, raspaduras o faltas de ortografía.

No escribas lo que no quieras que otros sepan, pues una carta firmada es siempre comprometedora.

Encabezado

- El "Querido..." sólo se usa para parientes y amigos.
- El "Estimado..." es para gente más lejana y de negocios.

Despedida

- "Besos y un fuerte abrazo" es sólo para amigos y familiares y se firma con el nombre de pila.
- Cuando recibimos una carta, no se lee en presencia de otros y cuando seamos nosotros quienes la enviamos con alguna persona, dejemos el sobre abierto. Ahora bien, si nos confiaron entregar esa carta abierta, cerrémosla en cuanto la recibamos y hagámoslo frente a la persona que nos solicitó el favor.
- Las cartas siempre hay que contestarlas antes de quince días.

Cartas de agradecimiento

Estas cartas son para agradecer brevemente, un favor, una invitación, un regalo. Por lo general escribir una nota es suficiente; sin embargo, cuando lo que recibimos es de suma importancia personal, laboral, comercial o fraternal, es lógico que queramos explayarnos.

Ejemplo de nota de agradecimiento

> (Fecha)
>
> Querido Ernesto:
>
> Te agradecemos las flores que nos enviaste para la cena. No era nece-
> sario, sin embargo se veían preciosas en la mesa. Están tan bonitas que
> siguen iluminando la casa.
> > La pasamos muy bien con ustedes. Seguimos en contacto.
>
> Saludos.
> Pablo y Gaby

Ejemplo de carta de agradecimiento

> (Fecha)
>
> Estimado doctor Guzmán:
>
> Estamos muy agradecidos con usted por todas las atenciones que tu-
> vo con nosotros durante la operación de nuestro hijo.
> > Su profesionalismo y calidad humana son admirables. Nos hizo sen-
> tir seguros y esperanzados. A Jaime lo animó todo el tiempo con sus
> bromas y su cariño.
> > Pasamos momentos difíciles y su ayuda fue invaluable.
> > Muchas gracias por todo.
>
> Un fuerte abrazo,
> Jaime y Lourdes Ruiz

Al que no escribe, Dios no lo oye

Cuando recibimos un mal servicio, como puede ser que nos llegó roto un regalo, hubo fallas en el banquete, o quizá nos están cobrando de más en el recibo de luz, muchas veces sólo nos quedamos con la frustración y el coraje.

Lo mejor que podemos hacer es escribir al director del negocio y expresarle nuestra inconformidad. Esto sirve para tres cosas: que se entere de la falla para que la mejore, que nos sirva como desahogo y que quede constancia para futuras aclaraciones. Escribir lo sucedido hará que ordenemos nuestras ideas y evitará que digamos cosas de las cuales después nos podemos arrepentir.

Una carta de queja debe ser formal y asertiva, por eso procura escribirla con calma, de manera educada y controlada. Evita el sarcasmo. Es útil hacer una lista de los puntos principales que quieres tratar y decide el orden en el que los pondrás.

Trate de ser conciso y directo al enunciar el problema, pero diga cómo se siente y qué va a hacer. Haga esto claramente y establezca qué espera de la otra persona. Así ganará su respeto. Olvide los sermones.

Cartas de referencia

Como su nombre lo dice, se usan para recomendar a alguien para un trabajo, ante una autoridad, en un colegio, en un hospital, en un hotel y en muchos lugares más.

Si te piden escribir una carta de referencia y no crees en la persona, rehúsarte, pues aunque lo intentes, lo que escribas no será creíble.

Si crees en la persona, escríbela con entusiasmo y expresa la razón por la que la escribes; di qué opinas de su trabajo y refiérete a sus cualidades y carácter.

No olvides mencionar el nombre completo de la persona, así como su dirección y teléfono.

Una buena carta de referencia debe ser informativa, entusiasta y organizada. Debe leerse con facilidad y ser específica.

Cuando recibas una carta de referencia, comunícaselo de inmediato a la persona en cuestión y envía una nota de agradecimiento a la persona que escribió la carta.

Cartas de felicitación

Hay muchos motivos propicios en la vida de una persona para recibir una felicitación: cumpleaños, santo, boda, nacimiento de un hijo, nieto, ascenso en el trabajo, premios y demás; y siempre será maravilloso recibir una carta de este tipo que indique que el otro pensó en nosotros.

Cuando seas quien la escribe, expresa lo orgullosa que te sientes de la persona en cuestión. Sé alegre, breve, entusiasta y desea buena suerte en futuros proyectos.

Cartas de disculpas

Cuando hemos herido a alguna persona, debemos actuar. No somos perfectos y en muchas ocasiones lastimamos a los demás. Quizá por un comentario absurdo o irónico, quizá por una frase malintencionada o sarcástica, quizá por no regresar algo prestado a tiempo o por faltar a una invitación por olvido. Los errores que podemos cometer son incontables, y aunque las cartas que se escriben para solicitar perdón no arreglan las faltas, sí ayudan y muestran nuestro deseo de corregir el error. Son, en pocas palabras, mejores que nada.

Si no ofrecemos disculpas, el resentimiento puede crecer sin proporción.

La carta se puede acompañar con flores o chocolates, que ayudarán a calmar los ánimos, y hay que procurar que no sea muy larga cuando se refiera al cómo sucedieron las cosas, o a lo que lo orilló a actuar así. Si logra transmitirlo brevemente será mejor.

Puede ser casi una nota directa y sencilla, pero no dejemos de enviarla. Cada quien decidirá en el momento en qué términos escribirla.

Cartas de pésame

Si al enterarnos de la muerte de una persona querida no podemos acompañar personalmente a nuestros seres afectados, es necesario escribirles inmediatamente una carta de pésame.

Las cartas de pésame son tan íntimas que es imposible marcar una estructura. Sin embargo, para ellas existe una sola regla que debe guiarnos: hay que decir lo que realmente sentimos. Escribirla en cuanto escuchemos la noticia y dejar que los pensamientos salgan libres, para compartirlos con quien se encuentra afectado. Tratemos de expresar todos nuestros sentimientos y mandemos un mensaje de comprensión y solidaridad.

Mientras más logremos comunicar el afecto, el amor o el aprecio por el que se ha ido, o por quien está apesadumbrado, mayor será el consuelo que lleve nuestra carta.

A veces ayuda mencionar detalles o buenos recuerdos que se tienen de quien se fue.

La carta debe ser personal, emotiva y con una que otra anécdota.

En ocasiones tenemos que escribir cartas de pésame muy difíciles. Me refiero a casos de enfermedades largas y dolorosas en las que tanto la persona y sus familiares sufrieron mucho, y de alguna manera la muerte es un alivio para todos. Obviamente, nunca hay que poner: "Qué bueno que ya se murió", pero sí algo de este tipo: "Comparto tu tristeza y te mando un abrazo con todo cariño."

Si lo consideras prudente, menciona lo mucho que significaba para ti esa persona.

Por último, hay que ofrecer nuestra ayuda en todo lo que se puede hacer.

Las cartas de pésame se escriben a mano, con tinta negra. Pueden responderse con una llamada, que no tiene que darse de inmediato. Se entiende de antemano el momento difícil por el que pasan los familiares.

A Pablo y a mí nos ha tocado recibir detalles de fineza aun en estos casos tan tristes. Una vez un amigo nos envió una tarjeta de agradecimiento, escrita a mano con un pensamiento impreso, por el apoyo recibido durante su pena.

Es evidente que, en esos momentos, la gente cercana a la persona que se fue está especialmente sensible y se da cuenta y aprecia cualquier muestra de cariño.

Cartas de amor

Escríbelas con todo el cariño, la inspiración y la emoción que surjan de tu corazón, pero nunca pongas promesas que no pienses cumplir.

Recuerda que las cartas quedan para siempre y lo que en el momento parece un amor eterno, con el tiempo puede ser una relación efímera.

En nuestra era electrónica, tristemente cada vez se envían y reciben menos cartas de amor. Ojalá que seas de los suertudos a los que les haya llegado o le lleguen una alguna vez.

¿Por qué no empezar por enviarla?

Las cartas de amor pueden llevar poemas, pensamientos, historias; ser tan largas o tan cortas como se desee.

¡Escríbelas! Es mágico recibirlas, aunque lleven varios años de casados.

Las cartas de amor no sólo se dan a la pareja, hay cartas de amor a los hijos, padres, maestros o amigos, para todos aquellos que significan algo especial en nuestras vidas.

Las cartas de amor brindan una de las mejores oportunidades para abrir el corazón.

Notas

Las notas son concisas y van directo al punto.

Si pueden ser ingeniosas mucho mejor, pero deben ser eficientes porque siempre tienen un propósito.

Hay muchos tipos de notas: para agradecer, para pasar información, para desear a alguien que se alivie, para hacer una broma, para consolar a un amigo que sabemos se siente solo, etcétera.

Cuando una nota es enviada por una pareja o dos personas, quien la escribe firma después.

Si son amigos íntimos el apellido no se pone, pero si son notas de negocios, sí.

Si envías una nota a un amigo de confianza en una tarjeta con tu nombre impreso, con pluma cruza diagonalmente tu apellido, para que sólo quede tu nombre de pila, a esto indica familiaridad.

Las tarjetas ya hechas

Siempre podemos ir a la papelería a buscar una tarjeta escrita. Seguramente, encontraremos la frase exacta que queremos decir. Desde "feliz cumpleaños", hasta "alíviate", "perdóname", "no quise hacerlo", "eres único", "te amo con locura", "te extraño", y las bromas más ocurrentes.

No es malo utilizarlas, aunque no debemos olvidar añadir algo personal y firmarlas, pues es esto lo que les da un toque único.

Tarjetas de navidad

Son una excelente manera de decir: te recuerdo, me importas. De igual manera, a pesar de que las compremos escritas es esencial poner algo nuestro. Un saludo especial, un deseo, una frase cariñosa y la firma, todo escrito a mano.

Papelería personal

La papelería no es un lujo, es indispensable para nuestra comunicación escrita. Por eso vale la pena pensar bien cómo queremos que sea. Para orientarnos es bueno ver varios diseños, letras e impresores. Comparar precios, papeles, estilos, ya que permanecerán con nosotros un largo tiempo.

¿Qué necesitamos tener?

- Papel formal para escribir cartas (con nuestro nombre grabado o impreso al centro en la parte superior).
- Sobres con nuestra dirección al reverso.
- Tarjetas personales (blancas con nuestro nombre).
- Tarjetas de presentación (con los datos de oficina).
- Tarjetas de "Con los atentos saludos de..." (Estas tarjetas son dobladas. En el exterior llevan la leyenda y el nombre, y en el interior se puede escribir.)

Opcional

- *Block* de notas con nuestro nombre.
- Papel para escribir, con nuestra dirección en la esquina superior derecha.

Un papel tradicional, blanco, limpio e impecable hablará bien de nosotros.

El papel es juzgado por su textura y peso. Ambos reflejan el material con el que fueron hechos.

La calidad del papel es importante y va directamente relacionada con el precio.

Se recomienda escribir en papel tamaño carta, aunque si eres una persona de pocas palabras, podrás optar por un tamaño de papel llamado "media carta".

Impresión

La impresión que se escoja es otro factor que influirá en la imagen que tendrá nuestra comunicación escrita. El grabado es más fino y caro.

El papel impreso también es muy bueno y puede lograr una alta calidad de imagen. Nunca se escribe en el reverso de un papel formal. En caso de que requiera más hojas, la segunda puede ser lisa sin nombre.

Nuestra papelería personal es un accesorio que dice mucho de nosotros.

Papel formal

Hojas blancas de calidad, de 17.5 por 25 centímetros. Pueden estar grabadas o impresas con el nombre en la parte superior, monograma o iniciales.

Generalmente, son austeras y sencillas.

Es más común que la papelería de trabajo sea la que lleve datos tales como la dirección, teléfono, o correos electrónicos. En la papelería personal no se usan.

La hoja se dobla en tres para meterse en un sobre tamaño carta.

Sobres

Es práctico tener sobres grabados o impresos con la dirección.

Tarjetas de presentación

Necesitamos tener una tarjeta chica con nuestro nombre grabado o impreso, que se usará para enviar un regalito o un detalle informal.

Los casados necesitan tener tarjetas de presentación con el nombre de ambos cónyuges.

También es útil contar con una tarjeta doble con nuestro nombre grabado o impreso en la parte exterior, que utilizaremos en regalos más formales o para escribir un pequeño mensaje en su interior.

Es bueno tener, también, tarjetas grandes con nuestro nombre grabado en la parte superior, que hagan juego con un sobre en cuya solapa esté nuestra dirección. Estas tarjetas se usan para escribir notas más extensas. Las hay personales y de negocios.

Hay que tener cuidado de sólo enviar las de negocios en asuntos relacionados con el trabajo y nunca a un amigo o pariente.

Papelería para niños

Es divertido regalar a los niños su propio papel de escribir y sus tarjetas personales para cuando van a fiestas. Hay miles de diseños con dibujos infantiles sensacionales.

Todavía me acuerdo y agradezco que, cuando nació mi hijo, una amiga le regaló sus tarjetas personales. Las usó mucho en los regalos que dio en las fiestas. La verdad no recordamos quién le dio qué en cuanto a pijamitas y ropa; sin embargo, detalles como unas tarjetas, seguro se quedan grabados en nuestra mente.

CONCLUSIÓN

Saber escribir es imprescindible, en nuestra vida social. Por eso debemos hacer un esfuerzo y poner atención en ello, ya que nos proyecta como personas.

La mejor escuela para aprender a escribir son los libros, leer.

El valor de comunicarse por escrito es fundamental

- Una carta puede llevarnos a alcanzar fines inaccesibles en una llamada o en una conversación.
- Escribamos cartas con un lenguaje sencillo y personal, sin frases hechas. Con estilo propio.
- Para escribir hay que escoger un momento en el que estemos relajados y con ganas de hacerlo.
- Cuando mandemos una carta con otra persona dejemos el sobre abierto.
- Contestemos las cartas.
- Es importante saber escribir todo tipo de cartas: negocios, agradecimiento, queja, pésame, perdón, referencia, reconocimiento y, sobre todo, de amor.
- Una carta de queja debe ser corta, formal y asertiva.
- Una carta de referencia es informativa, entusiasta y organizada.
- Una carta de pésame debe decir lo que realmente sentimos.
- Una carta de perdón puede ir acompañada por flores.

- Es mágico recibir cartas de amor.
- Las cartas de reconocimiento son detalles de grandeza.
- Las notas son concisas y van directo al punto. Sirven para agradecer, pasar información, buenos deseos, hacer una broma, consolar.
- Cuando compremos tarjetas ya elaboradas no olvidemos añadir algo personal y firmarlas.
- La papelería personal es un accesorio imprescindible.
- Procuremos tener lo básico: papel formal para cartas, sobres con nuestra dirección, tarjetas personales, tarjetas de presentación.
- Lo ideal es tener tres tipos de papel: uno formal que puede ser grabado o impreso, otro para negocios y uno más, que sea personal para notas.
- Los casados necesitan tarjetas de presentación con el nombre de ambos.
- Es divertido que los niños tengan su propio papel.

Lo que conviene recordar

〰️

*M*e gustaría concluir este libro con algunas recomendaciones, aunque siempre habrá algo más que decir sobre la cortesía, entendida como el arte de la buena convivencia.

DIME DE QUÉ PRESUMES...

"Vanidad... mi pecado favorito." No se me olvida esta frase dicha por el diablo, representado por Al Pacino, en la película *El abogado del diablo*. Los espectadores salimos de la oscuridad del cine con esta reflexión aventada a bocajarro en la mente, sin poder más que aceptar y reconocer cuán vanidosos podemos llegar a ser.

¡Con frecuencia caemos en la urgencia de saber y sentirnos reconocidos por los demás! ¡Cuánta energía gastamos al tratar de mostrar, señalar o presumir todas las cualidades que tenemos como personas! Lo peor es que caemos en una gran trampa: no nos damos cuenta que entre más presumimos o tratamos de convencer a los demás de nuestros logros, más inseguros nos vemos, más mal caemos y lo único que logramos es que la gente nos evite.

Para empeorar las cosas, al presumir nuestras conquistas la sensación de bienestar personal se diluye.

Irónicamente, entre menos nos preocupamos por conseguir el reconocimiento, más parece que lo obtenemos. ¡Cómo admiramos y nos parecen atractivas aquellas personas que poseen serenidad y tranquilidad interior! Aquellos que no tratan constantemente de verse bien ante los demás, de "apantallar" o de ser el centro de atención. A quienes teniendo de qué presumir, ya sea por cualidades intrínsecas, de posición, económicas o las que tú gustes, no lo hacen. Esas personas, a la larga, reciben más reconocimiento que quienes alardean de sí mismas.

La única forma de desarrollar la humildad es practicándola. ¡Cómo cuesta trabajo! Sin embargo, hay que mordernos los labios cuando sintamos ganas de impresionar a alguien, ya que si no lo hacemos nos puede suceder lo que a una amiga: en el vuelo de regreso de Monterrey, le tocó en el asiento de junto una señora muy arreglada, de mediana edad. Cuando la dama le preguntó la razón de su visita a Monterrey, mi amiga le respondió que acababa de ser nombrada gerente de zona de un banco; con un dejo de "soy importante" se afanó en detallarle sus nuevas responsabilidades, el personal que estaría a su cargo y le ofreció amablemente que la atendería con gusto en lo que se le ofreciera, que le enviaría a "su gente" para que la atendiera, etcétera. La señora, prudente, agradeció sus ofrecimientos y la felicitó por su nuevo puesto. Mi amiga quedó feliz con la sensación de que la había impresionado. Al aterrizar el avión, se despidieron e intercambiaron tarjetas. Mi amiga casi se muere cuando leyó el puesto de su vecina "Directora para Latinoamérica del Swiss Bank."

Aunque se trataba de un puesto ocho veces más importante que el de ella, la señora, con toda sencillez, nunca lo mencionó y dejó finalmente la impresión de ser una persona sencilla, exitosa y poderosa.

Es sano, y necesario, ¿por qué no?, compartir con alguien algún reto que vencimos, una meta que logramos, un orgullo especial, pero es muy diferente cuando lo hacemos desde el ego y no desde el corazón.

Considero que los éxitos hay que compartirlos abiertamente sólo con aquellas personas que están cerca de nuestras vidas, como familiares y amigos.

Cuando nos sintamos tentados a impresionar y sacar todas nuestras credenciales ante la pregunta: "¿A qué te dedicas?", que por un lado nos da el micrófono y por otro la oportunidad de impresionar (dos grandes seductores), debemos responder con sencillez y en forma breve.

Resistamos la soberbia de presumir. ¡Es más impresionante enterarnos por otro lado de lo que es una persona, que por ella misma! Además de que la sencillez y la paz interior van de la mano. Entre más renunciemos a tratar de impresionar a los demás, más fácil será sentirnos tranquilos con nosotros mismos. Como bien dice el dicho: "Dime de qué presumes y te diré de qué careces". ¿No crees?

¿ESTILO O CLASE?

Hay quienes tienen clase y hay quienes aparentan tenerla. Entramos a una gran mansión decorada con adornos, tapetes y muebles que se ven y se sienten caros. Nos sentamos a una mesa abundante en platillos sofisticados, adornada con candelabros, servidos sobre cristalería importada y mantel de Brujas, presentados por un ejército de personal. Escuchamos anécdotas de grandes viajes mientras que un trío ameniza la cena. Los anfitriones visten ropa de marca y sus dedos brillan con anillos de oro. Uno, deslumbrado y rodeado de tanto encanto, podría pensar: esto es "tener clase"; y no siempre es así. La clase no es un disfraz, no se compra, no se ostenta.

La clase viene de adentro, es una especie de dignidad interior, implica integridad, coherencia, es una actitud hacia la vida que nutre la solidez interna que se tenga. Es tener una sensibilidad especial para captar lo que el otro quiere, busca o necesita. Una habilidad para complacer, para amar, para dar. Es ser auténtico y fiel con uno mismo y con sus principios, que nada tiene que ver con lo económico, con la posición social o con el apellido.

Platón decía: "Hay sabidurías que no se pueden enseñar, sólo aprender." Creo que este principio se puede aplicar en este etéreo asunto de "tener clase". Es de las cosas que un hijo no hereda. La obtiene a través del ejemplo que recibe cotidianamente en su casa. Cuando es educado en los verdaderos valores como la prudencia, la honestidad, la sinceridad, la compasión y el respeto.

Aunque la educación y la tranquilidad económica ayudan a que la clase se desarrolle, no la garantizan. En la vida me he topado con personas maravillosas que carecen de ambas cosas y, sin embargo, tienen la clase que muchos quisiéramos poseer. Recuerdo un matrimonio indígena maya que conocimos en Yucatán. Al observar al esposo, su hablar, su modo de conducirse, su categoría, me imaginaba que en otros tiempos él hubiera podido ser un gran sacerdote maya. La dulzura y prudencia de la señora llamaban la atención. Personas humildes que sin una preparación académica destilan señorío y arraigo a sus costumbres y tradiciones, donde los valores fundamentales son los que gobiernan su vida.

Estilo, por el contrario, se refiere a una forma única e individual de hacer las cosas. Se aplica en todos los conceptos del arte. Hay quienes lo tienen y otros que lo buscan.

En las personas, tener estilo se refiere a poseer un gusto innato que se hace palpable en su vestir y hablar, en la decoración de su casa, en los modales, en la vida que lleva, que nada tiene que ver con la congruencia con que se viva.

La clase se demuestra con hechos. En la vida hay quien tiene clase y no estilo, y hay quien tiene estilo y no clase.

Si se pudiera expresar con palabras concretas algo que caracterice a quien tiene clase, podríamos decir lo siguiente:

- Trata con la misma delicadeza al invitado que al sirviente.
- Agradece hasta el más pequeño detalle.
- Asciende a la cumbre sin pisar los dedos de nadie.
- Lo que piensa es coherente con lo que hace.
- Hace sentir importante a la gente.
- Es discreto.
- Afronta los problemas con dignidad.
- Saca el mejor partido de lo que la vida le ha proporcionado.
- Es honesto consigo mismo, bajo cualquier circunstancia.
- Disfruta la vida al punto de contagiarla.

La próxima vez que te sientas rodeada de cosas caras y deslumbrantes, de vajillas y platillos sofisticados, observa con cuidado antes de concluir, si se trata de alguien que tiene estilo o clase.

SER UN CABALLERO

En esta era de las telecomunicaciones, viajes espaciales y logros humanos, las palabras etiqueta, modales o protocolo nos suena anticuadas, pasadas de moda. ¡Qué decir de la palabra "caballero"! Incluso las llegamos a asociar con una serie de actos y reglas tontas hechas sólo para personas estiradas. Por lo tanto, la etiqueta, los modales y el ser caballerosos se miran como una barrera social, como algo que sólo a los de nariz levantada les interesa y no a nosotros, comunes y corrientes.

Sin embargo, consideramos esto cuando alguien nos detiene la puerta para pasar, cuando recibimos una tarjeta que dice "gracias", cuando una persona nos devuelve la llamada o alguien nos cede el paso en la calle. Estos detalles son ejemplos de caballerosidad.

Aquí cito algunos detalles que hacen a un caballero ganarse ese título:

La actuación de un caballero con una mujer

- Un caballero siempre le abre la puerta, le cede el asiento, le cede el paso, le ayuda a quitarse el saco o a cargar cosas. El hecho de que lo haga no implica que las mujeres seamos inferiores.
- Un caballero, cuando va a un restaurante, le cede el lugar con la mejor vista a la mujer.
- Un caballero siempre se expresa bien de la mujer con la que tuvo su última relación amorosa.
- Un caballero trata siempre con respeto a una mujer, sin importar la edad o la relación que tenga con ella.
- Un caballero nunca hace preguntas como: "¿Te vas a comer todo eso?" "¿A ver quién soy?" "¿Cuántos años tienes?"
- Un caballero no dice groserías enfrente de niños, mujeres o personas mayores.
- Un caballero después del divorcio, se sigue encargando del sustento económico de sus hijos.

En lo social

- Un caballero no hace un escándalo cuando le rechazan la tarjeta. Por el contrario, con toda cortesía ofrece otro método de pago.

- Un caballero siempre apaga su localizador o celular al entrar a una conferencia, clase o junta.
- Un caballero no se estaciona en medio de la raya que marca el cajón y abre la puerta con cuidado para no golpear el coche de junto.
- Un caballero siempre paga sus deudas o apuestas de juego.
- Un caballero cuando se ejercita con pesas, no hace escándalo para que lo volteen a ver ni le grita al compañero de un lado a otro del gimnasio.
- Un caballero siempre limpia las gotas de sudor con su toalla y deja las pesas en su lugar.
- Un caballero sabe que las palabras "por favor" y "gracias" son mágicas.
- Un caballero cuando llega tarde a una ceremonia o al teatro espera el momento oportuno para incorporarse y trata de molestar lo menos a quienes se encuentran sentados.
- Un caballero si no sabe francés, no trata de sacar palabras en ese idioma.
- Un caballero siempre piensa antes de hablar.
- Un caballero, cuando alguien lo ataca verbalmente, no importa si es en público o en privado, le contesta con elegancia, inteligencia y sin agresividad.
- Un caballero sabe decir frases como: "No sé, no he leído ese libro" o "no he visto esa película".
- Un caballero no se queja de su situación financiera.
- Un caballero es una persona que acepta una disculpa y sabe ofrecerla cuando es necesario.
- Un caballero, en presencia de personas que hablan otro idioma, no habla o se burla de ellos.
- Un caballero cuando sabe que va a llegar aunque sea cinco minutos tarde a la cita, llama por teléfono para avisar.

- Un caballero cuando renuncia a su trabajo no quema sus naves.
- Un caballero habla en voz baja y con prudencia en lugares públicos.

En su persona

- Un caballero es escrupuloso en su higiene, se recorta las cejas cuando están largas y tiene cuidado de disimular el pelo que nace en lugares inusuales, como las orejas o la nariz.
- Un caballero cuando se rasura en el lavabo siempre lo limpia después.
- A un caballero lo único que le brilla son los zapatos.
- Un caballero nunca mastica chicle.
- Un caballero nunca se dirige a un público cuando viste de *shorts* y manga corta.

No es suficiente actuar como un caballero, lo importante es ser uno. El que se diga eres todo un caballero, es el mejor halago que te pueden hacer y el mejor ejemplo que puedes dar.

DE FAVORES A FAVORES

Hay favores que halagan. Favores pequeños que no cuestan nada y que al hacerlos nos hacen sentir necesarios, involucrados y valorados. Por ejemplo, pedirle a una amiga que te ayude a organizar una fiesta; a un empleado que te ayude con un proyecto; al amigo de tu hijo, que te ayude a poner la mesa, etcétera. Éste ha sido el mismo principio por el que generaciones de mujeres han recurrido al hecho de tirar el pañuelo para que el hombre lo recoja. Este pequeño favor lo hace sentirse todo un caballero.

Al pedir un pequeño favor, el beneficio es mutuo. La persona que lo hace se siente útil, tomada en cuenta e integrada. Quien lo pide tiene la oportunidad de corresponder en otra ocasión, lo que ayuda a que se inicie una relación o a que se fortalezca la que ya existe.

No cabe duda de que el mejor favor que podemos pedir a alguien es un consejo u opinión. Sentirse solicitado es lo que más puede complacer a una persona. En forma implícita le decimos: "Valoro tu experiencia", "te respeto", "me gusta tu manera de pensar", "te considero inteligente", etcétera. Al sentirnos necesitados nos dan la famosa palmadita a ese ego que todos tenemos y que siempre nos gusta ejercitar.

Si al pedir una sincera opinión lo hacemos frente a un grupo de personas causamos un buen impacto. Por ejemplo: "Juan, tú que eres experto en finanzas, me gustaría que me dieras tu opinión sobre esto." La deferencia que le haces a Juan te la agradecerá por siempre. Pedir un consejo implica humildad y eso siempre cae bien.

Hay una gran ventaja al solicitar consejo a nuestros compañeros de trabajo, socios o subordinados; al sentirse tomados en cuenta los involucramos y el problema lo hacen suyo. De esta manera se sienten motivados para sacar el trabajo adelante.

Como regla general, al pedir este tipo de favores pensemos antes: "¿A mí me molestaría que me pidieran esto?" Una vez hecho el favor, no olvidemos agradecer y dar reconocimiento a quien lo merece.

Hay otro tipo de favores que, lejos de ayudar a crear una relación, la destruyen por completo. Seguramente has tenido la experiencia de tener un amigo o un pariente que se acerca en un momento de apuro solicitándote un favor de tipo económico. Con la mejor voluntad de ayudar, le haces el préstamo, para darte cuenta, con el paso del tiempo, que en vez de estrechar lazos entraste de redentor y saliste crucificado. No sólo perdiste el dinero sino al amigo también.

La persona a la que le hicimos el favor, en lugar de sentirse agradecida, se siente en deuda con nosotros y esto crea resentimientos. De alguna manera se siente inferior y, por lo tanto, incómoda. Esta incomodidad provoca con el tiempo que evite nuestra compañía. Por increíble que nos parezca, el agradecimiento inicial que sintió al recibir el préstamo se convierte, poco a poco, en coraje al tener que pagar la deuda y se crea un complejo sistema de crédito y débito moral.

Es por eso que muchos de los jefes en diversas empresas han quitado los préstamos personales y han instituido las cajas de ahorro o las tandas.

Hay casos muy difíciles donde de antemano se sabe que no se va a recuperar el dinero, así que hay que preguntarse: "¿Qué es más importante para mí, lo económico o la amistad?" Y, según el caso, proceder con la conciencia de que, de todas maneras, pierdes. Otra opción es ofrecerse a ayudar de alguna manera que no sea monetaria.

Hay excepciones que confirman la regla. Como el caso de un amigo, quien hizo un préstamo y la persona le regresó puntualmente el dinero con intereses acumulados, un regalito y una nota de agradecimiento. ¡Qué maravilla! Hechos como éste confirman la buena educación de una persona, fortalecen la amistad y dejan las puertas abiertas de par en par para cualquier otro favor.

Como podemos ver, hay de favores a favores, unos son positivos, constructivos y fortalecen la amistad, mientras que otros destruyen la relación y la cartera. Sepamos distinguir.

EN CONCLUSIÓN: VIVA LA IMPERFECCIÓN

Es difícil encontrarnos a una persona perfeccionista que sea feliz. Todos buscamos superarnos, ser mejores, cumplir lo tantas veces prometido. Orientarnos a la perfección personal en todas las áreas suena muy bien y lo contrario sería criticable. Sin embargo, a veces nos concentramos tanto en lo perfectible que se nos olvida disfrutar y agradecer lo que tenemos. No vivimos felices ni dejamos vivir felices a los demás. Analicemos qué tanto somos "Don Perfecto" o "Doña Perfecta":

- ¿Cuando estás de visita en una casa, enderezas los cuadros?
- ¿Limpias los cubiertos con la servilleta antes de comer en un restaurante?
- ¿Mentalmente corriges el atuendo o el maquillaje de la persona con la que te encuentras?
- ¿Antes de dormir haces un inventario de lo que no hiciste?
- ¿Antes de comprar algo inviertes horas buscando lo mejor?
- ¿Una vez que lo compraste te preocupas porque a lo mejor no fue la mejor opción?
- ¿Después de que te hicieron limpieza en un lugar revisas lo recién limpiado, casi con lupa, para ver si todavía hay polvo?
- ¿Tienes la tendencia de "aconsejar" a la gente sobre lo que debe hacer, aunque no te lo pidan?
- ¿Cuando estás viendo una película o un programa de televisión comentas con los de junto, cómo lo hubieras solucionado de manera diferente?
- ¿Cuando lees algo estás buscando las faltas de ortografía?

¿A cuántas preguntas respondiste que sí?

0-3   Es muy fácil convivir contigo.

4-7   Eres una persona más o menos fácil de tratar.

7-10 Quizá ésta sea la razón por la que siempre estás tenso e inquieto.

La necesidad de que todo sea perfecto y la tranquilidad personal son dos cosas que nunca encontraremos juntas. Quien busca la perfección en forma obsesiva, no vive feliz; pero lo peor es que no deja vivir felices a los demás.

El perfil del perfeccionista

En la vida social. Cuando platica un perfeccionista nunca puede terminar lo que está contando, ya que a la mitad de la conversación se levanta a jalar la cortina que tiene un pliegue chueco o le acomoda el cuello a la persona con quien habla, ajusta los objetos de la mesa que no están derechos o se distrae porque en el florero hay una flor a punto de caerse. Corta la plática diciendo: "Este botoncito se te va a caer" o le quitan un cabello del hombro a la persona con quien está. haciéndola sentir chinche.

Es muy incómodo ir de visita a su casa, nunca nos podemos relajar completamente porque el anfitrión está sentado en alfileres. Si, por ejemplo, se nos ocurre jugar con un cenicero, al voltearnos rápidamente lo pondrá en su lugar; si nos paramos, distraídamente le dan el jaloncito al sillón para quitarle la arruga; se infarta si no ponemos el vaso sobre la servilleta o si ve crecer la ceniza de un cigarro en el aire, ¡y qué decir de llegar con un niño! Sienten alivio cuando las visitas se van porque todo volverá al orden. Están más obsesionadas con el "deber ser" que con las personas.

En la vida familiar. Digamos que es un poco tensa. Su pareja tiene que ser perfecta, sus hijos igual, no soportan ver que su hijo(a) juegue con lodo, esté despeinado o que llegue desfajado. La casa siempre parece una "tacita de plata", como diría mi abuelita. Todo está en su lugar, todo brilla, el tapete para limpiarse los pies está albeando; uno se pregunta, ¿cuándo y en dónde se limpian los pies aquí? Una persona de servicio, por supuesto, nunca dura, porque nadie hace las cosas lo suficientemente bien.

Su vida personal. Metódica y, por supuesto, en extremo ordenada. Nietzsche decía que la palabra método tiene las mismas consonantes que mitad que, si vivimos metódicamente, vivimos la mitad, y ¡es cierto! En la vida de estas personas todo es orden. Cada día es una copia exacta del anterior.

En cuanto a su arreglo personal. Están demasiado perfectos, ¡bolean hasta las pantuflas! No se les sale un cabello de su lugar, de tal manera que el peinado parece peluca; después de un vuelo de ocho horas bajan impecables. ¡No sé cómo lo logran!

Es imposible lograr la perfección y la tranquilidad interior. La solución es que cuando se dé cuenta de que está cayendo en esta tendencia, mentalmente repítase que las cosas así como están, están bien, que hay asuntos más importantes en la vida de qué preocuparnos y en qué ocuparnos. Cuando logremos ir eliminando la necesidad de perfección en nuestra vida, comenzaremos a descubrir cuán perfecta es. Así que, ¡viva la imperfección!

CONCLUSIÓN

Podría decirse que el arte de convivir es un acto de comunión y de amor. La gente que comparte una misma dirección y un sentido de comunidad, puede llegar a su destino más rápida y fácilmente.

Podemos tomar el sabio ejemplo de los gansos salvajes. Estoy segura que te parecerá, como a mí, un gran ejemplo de cooperación y cortesía.

Para atravesar miles de kilómetros en vuelo, los gansos salvajes hacen una formación en "V" de manera que cada uno, al abrir sus alas, crea una fuerza ascendente para el ganso que le sigue justo atrás. Al compartir una dirección y un sentido comunitario, la parvada aumenta su velocidad 71 por ciento con relación al avance que cada ave tendría si se desplazara sola.

Si un ganso pierde la formación, de pronto siente la fricción y la resistencia de intentar volar solo. Aprende pronto que necesita la ayuda de los demás y que los demás necesitan de él para volar mejor. Cuando el ganso que va a la cabeza se cansa, gira sus alas y otro toma su lugar para hacer el trabajo más duro. Los gansos que van hasta atrás graznan para animar a los demás a seguir volando.

Cada vez que un ganso se enferma o es herido, otros dos salen de la formación para seguirlo abajo y protegerlo. Permanecen con el ganso caído, hasta que muere o se recupera para volar. Solamente entonces reemprenden el vuelo. Si es posible alcanzan a su parvada, o se suman a otra formación con la tranquilidad de saberse bienvenidos. Gracias a este espíritu de disciplina y compromiso, esas aves continúan su camino hasta alcanzar la meta.

Como los gansos salvajes, las personas somos dependientes de las habilidades de otros, de sus capacidades, sus dones, talentos y recursos. De ahí la necesidad de poner nuestro granito de arena y dar el toque humano para facilitar el vuelo y hacer del convivir, todo un arte.

Bibliografía

Antonio de Armenteros, *Educación y mundología*, De Gasso, Madrid, 1959.

Ana María Calera, *Enciclopedia para el hogar*, Everest, León, 1980.

Manuel Antonio Carreño, *Manual de urbanidad y buenas maneras*, Editora Nacional, México, 1979.

Pilar García Bailón, *Urbanidad, personalidad, buenos modales*, Época, México, 1977.

Camilo López, *El libro del saber estar*, Nobel, Madrid, 1990.

Judith Martin, *Miss manners rescues civilization*, Crown, Nueva York, 1996.

Sara Maso, *Etiquette*, Harper Collins, Nueva York, 1997, 16a. ed.

Rawson Associates, *Letitia Baldrige's complete guide to a great social life*, McMillan, Nueva York, 1997.

—————————, *Letitia Baldrige's complete guide to the new manners for the 90's*, Rawson, Nueva York, 1990.

Natt Segaloff, *The everything etiquette book*, Adams Media, Nueva York, 1988.

Selecciones, *Sin temor a equivocarse*, Reader's Digest, México, 1978.

Montse Solé, *Saber ser, saber estar*, Planeta, Barcelona, 1999.

AMY VANDERBILT, *Nuevo libro completo de etiqueta*, Diana, Méxi-
    co, 1975.

_____, *Complete book of etiquette*, Doubleday, Nueva
    York, 1980.

Índice analítico

El arte de convivir en la vida cotidiana se
terminó de imprimir en noviembre de 2005, en
Litográfica Ingramex, S.A. de C.V. Centeno 162,
Col. Granjas Esmeralda, C.P. 09810, México, D.F.

Certificado No. 02-2082

11/08   1   4/07
12/09   2   10/09 .
10/12   ④   6/10
11/14   ④   6/10
2/19   ⑥   11/14